CHEERS
湛庐

这就是布鲁克斯

RUNNING WITH PURPOSE

JIM WEBER
[美] 吉姆·韦伯 著
张涛 译

浙江科学技术出版社·杭州

测一测

布鲁克斯跑鞋品牌如何在困境中逆袭？

扫码加入书架
领取阅读激励

扫码获取
全部测试题及答案，
一起了解布鲁克斯
不同凡响的经营成长之路

- 在布鲁克斯担任首席执行官期间，吉姆·韦伯带领团队经历了内外部的一系列严酷的挑战，但他们始终坚守布鲁克斯的战略初心，不断提升、优化企业的竞争策略，聚焦于（　）的业务定位。（单选题）

  A. 轻便休闲鞋

  B. 户外运动鞋

  C. 室内健身鞋

  D. 专业高端跑鞋

- 布鲁克斯始终坚守的企业文化是：（单选题）

  A. 快乐奔跑

  B. 激情奔跑

  C. 永远奔跑

- 布鲁克斯经营战略的三大支柱是执着于：（单选题）

  A. 顾客需求、企业责任极致化和团队

  B. 市场份额、营业额最大化和架构

  C. 顾客需求、领导力极致化和团队

  D. 市场份额、产品性能极致化和架构

扫描左侧二维码查看本书更多测试题

湛庐CHEERS

与最聪明的人共同进化

HERE COMES EVERYBODY

致玛丽·埃伦

我们不知道这段旅程将引领我们走向何方，

但我永远感激

能与你一同行走、奔跑和生活的时光

伯克希尔的全垒打

沃伦·巴菲特
伯克希尔–哈撒韦公司董事长兼首席执行官

吉姆·韦伯作为伯克希尔–哈撒韦公司（以下简称“伯克希尔”）经理的职业生涯是独一无二的。我在伯克希尔任职的50多年中，该企业的运营一直采取一种独特的“放手”管理方式。如今，只有25名员工在总部为母公司工作，其余36万名员工则在伯克希尔多年来收购的数十家独立管理的子公司工作。我们的权力下放（去中心化）是极致的。

鲜果布衣是伯克希尔收购的众多企业之一。这家位于肯塔基州的服装制造商以生产男士内衣而闻名。鲜果布衣运营得很成功，管理方式也很好，雇用了大约2.9万名员工。

2012 年，鲜果布衣拥有多项非核心业务，包括由吉姆・韦伯管理的布鲁克斯跑步公司（Brooks，以下简称“布鲁克斯”）。布鲁克斯，尤其是吉姆，引起了我的注意。吉姆会吸引任何人的关注，他是一股不可忽视的力量。

我认为，吉姆太有才华了，他值得拥有自己的舞台，一个直接向伯克希尔汇报的舞台。我设定的路径也很明确：鲜果布衣应该把布鲁克斯转给伯克希尔。然后，布鲁克斯作为一个独立业务主体来运营。

做出这样的决定，这是伯克希尔有史以来的第一次，并且取得了空前的成功。尽管需要面对强大的竞争对手，但吉姆推动布鲁克斯前进的程度远远超出了我的预期。

吉姆热爱跑步，热爱跑者，热爱他的员工，也热爱他的经销商。这些热爱在他每天的决策中展现得淋漓尽致。他天生就懂得产品设计和品牌推广。他不断挑战自我，竭力为所有群体提供最好的服务。他对跑步的热情也一直感染着伯克希尔的股东。自 2013 年起，每年的伯克希尔年会期间，都有数以千计的跑步爱好者踊跃参加周日上午举行的 Invest in Yourself 5K（“为自己投资”5 千米赛跑）。在该活动因新冠疫情暂停之前，参与人数每年都在增加。我预计，当恢复面对面会议后，参与人数将再创新高。

吉姆充满激情的故事将会激励你，就像 2012 年它激励我认识到他将使布鲁克斯成为伯克希尔的独立明星一样。我建议所有伯克希尔现在和未来的管理者都来阅读这本书。

为什么巴菲特看好布鲁克斯的跑鞋生意?

何　刚
《财经》杂志主编
《哈佛商业评论》中文版主编

2024 年初，我去北京东五环外的湛庐编辑部，碰到在品牌营销和体育行业深耕多年的张涛兄，获悉他刚刚翻译完全球跑鞋行业创新冠军企业布鲁克斯时任首席执行官吉姆·韦伯的著作 *Running With Purpose*，就一直期待能够阅读。4 个多月后，我拿到了这本译著的预读本，书名定为《这就是布鲁克斯》。

作为一个非专业跑步爱好者，我对布鲁克斯有所了解，知道它是美国这些年崛起的专业级跑鞋创新引领企业，和亚瑟士、索康尼、新百伦，并称为全球跑鞋行业的四大专业顶流品牌。虽然我还不是布鲁克斯跑鞋的用户，但这并不妨碍我从行业细分、产品创新和市场竞争等角度，深入了解这家企业。

除了在跑鞋行业享有声誉，深受马拉松爱好者喜爱，布鲁克斯最出圈的影响力，恐怕是它在吉姆·韦伯的领导下，从2006年进入沃伦·巴菲特旗下的伯克希尔，并在巴菲特的亲自过问和安排下，在2011年从伯克希尔的一家三级子公司，升级为直接归伯克希尔领导的一级子公司。而且从那时起一直到2024年因健康问题退休，吉姆·韦伯都深受巴菲特器重。从2013年开始，每年在美国奥马哈召开伯克希尔股东大会时，都会举办专门为布鲁克斯设置的“为自己投资”5千米赛跑，向股东们推广布鲁克斯的跑鞋产品和品牌。

因此，我在读这本译著时，最感兴趣的内容，除了吉姆·韦伯的个人成长史，就是不断在书中寻找答案：**为什么巴菲特会那么喜欢这家以跑鞋为主业的体育用品公司？**因为从业务规模来看，这只是一家年营收10亿美元左右的中小型企业，其体量完全无法与耐克以及伯克希尔旗下上百亿美元收入的保险公司相比。

读完全书，我很高兴自己找到了基本答案。见多识广的巴菲特，之所以对吉姆·韦伯领导下的布鲁克斯青眼相加，说到底，是因为这家企业的战略定位、市场表现、财务回报，以及非常重要的领导者，完美地契合了巴菲特对好企业的主要标准。因此梳理相关内容，对于我们理解布鲁克斯的成长发展，以及对巴菲特如何选择好企业，都会有很大的帮助。

一门好生意

第一点，**布鲁克斯是一家有精准战略定位的细分市场冠军企业**。这主要得益于 2001 年吉姆·韦伯上任后，对企业竞争战略进行的全面分析和明智选择。

根据本书描述，布鲁克斯是一家创建于 1914 年的老牌体育用品公司。在最初几十年里，布鲁克斯试图为所有运动员，从跑者、摔跤手、滑冰者，到足球、篮球和棒球运动员提供全系列产品，包括各种运动鞋。从价格体系上看，布鲁克斯既有上百美元的高性能运动产品，也有 60 ～ 80 美元的运动休闲产品，以及 30 ～ 50 美元的大众运动产品，和美国体育用品市场全系列领导者耐克差不多。到 2000 年，布鲁克斯 50% 以上的销售收入来自低端大众运动产品，在中高端领域没什么竞争力。

2000 年，吉姆·韦伯在董事会要求下接管布鲁克斯后，他花了 3 个月的时间进行详细调研、沟通、咨询，终于为这家老牌体育用品公司确定了新战略：高度聚焦于高性能专业级跑鞋和跑步装备。为此，布鲁克斯加强用户洞察，加大研发投入，推出创新产品，并通过调整分销体系，聚焦定向营销，从而成为最受跑步者认可的高性能跑鞋和跑步装备企业。这一战略直到今天还在帮助布鲁克斯站稳市场地位。

如果你稍微了解哈佛商学院战略学教授迈克尔·波特（Michael E. Porter）的竞争“五力模型”和三大竞争战略，其实不难发现：吉姆·韦伯为布鲁克斯确定的战略方向，既不是追求性价比的规模化市场战略，也不是强调高附加值的差异化市场战略，而是针对细分特定需求的聚焦化市场（即“利基市场”）战略。这种战略的好处是，企业一旦在细分市场站稳脚跟，就将获得稳定营收和丰厚利润；但这种战略的坏处，则是企业一旦在细分市场站不稳，那基本上就难以生存。因为细分市场通常规模不大，需求特定，所以容不下太多竞争者。

一个好战略

那么吉姆·韦伯这个针对跑步细分市场特定专业需求的聚焦化战略，成不成功呢？这是我们要说的第二点：**布鲁克斯基于产品研发、品牌营销的市场表现非常出色，以至于引起伯克希尔和巴菲特的关注。**

在 2002 年确定做高性能专业跑鞋及跑步装备的新战略后，吉姆·韦伯带领布鲁克斯，坚决放弃 75 美元以下的运动产品，通过大力打折来清理库存，使企业收回不少现金，并将这些资金全部投入专业高性能跑鞋研发工作中，此外还针对专业跑步者会出现的马拉松比赛等场所，进行定向品牌营销。结果就是，布鲁克斯的新跑鞋和耐克等体育用品巨头的产品彻底区别开来。2004 年，布鲁克斯营收同比 2003 年增长 26%，引起媒体和投资者的关注，这说明吉姆·韦伯推行的专业高性能跑鞋策略见效了。

在后来的几年中，布鲁克斯的业务发展很顺利，营收从吉姆·韦伯

2001 年接手时的 6 200 万美元，迅速增加到 2007 年的 1.90 亿美元。虽然在 2008 年美国金融危机期间，布鲁克斯营收下降至 1.89 亿美元，但在产品研发和营销创新的推动下，2009 年布鲁克斯业务恢复增长，于 2010 年超过专业跑鞋品牌亚瑟士，成为专业跑鞋渠道市场份额的第一品牌。到 2014 年布鲁克斯创立百年之时，其营收已增至 5.48 亿美元。

虽然这和耐克 2014 年高达 278 亿美元的收入无法相提并论，但作为聚焦于细分市场特定需求的跑鞋及跑步装备公司，布鲁克斯实际上已经构建起在专业领域很高的竞争“护城河”，这恰恰是巴菲特在选择企业时最在意的业务竞争力。

一直强执行

我们继续来看第三点：**布鲁克斯良好的财务指标表明公司的财务回报非常出色，这让注重价值投资回报的巴菲特爱不释手。**

以 2011 年为例，这是吉姆・韦伯执掌布鲁克斯的第 10 年，从销售额来看，布鲁克斯在 10 年里增长了近 4 倍。在美国这样一个成熟且竞争激烈的体育用品市场中，这样的增长堪称出色。

更重要的是，布鲁克斯出色的盈利能力和高资本回报率，对注重公司内在价值的巴菲特来说，实在是太对胃口了，所以巴菲特在这一年正式邀请吉姆・韦伯到伯克希尔总部面谈，并请他吃了一顿午餐。以至于同事打趣吉姆·韦伯，说巴菲特的午餐可以拍卖上百万美元，你竟然免费吃了一顿，赚大发了。

回到 2011 年布鲁克斯的财务指标，年度营收同比 2010 年增长 33%，最重要的营业利润同比增长 43%，也就是公司增收更增利，这是管理效率良好并且有品牌溢价的好企业的典型财务表现。

在之后的几年中，布鲁克斯的发展并非一帆风顺，先后经历了营销挑战、用户偏好转向，以及体育用品数字化应用等考验，营收和利润增速一度放缓。但经过供应链重构，尤其是以“快乐奔跑”的营销诉求将生物力学和科学、艺术化设计相结合，布鲁克斯的产品研发和创新再度打动市场，营收从 2017 年三季度开始恢复增长。

2018 年企业营收达到 6.44 亿美元，同比 2007 年增长 26%，利润和资本回报率都创了新高；在美国专业跑鞋市场份额升至 12.7%，仅次于耐克。2019 年企业业务有所波动，但年度营收达到 6.67 亿美元，同比增长 3.5%，利润则与 2018 年基本持平，同时还提前收到大量订单，为来年业绩做好了准备。

但在接下来的 2020 年，新冠疫情意外地大流行，很多体育用品零售店关门，马拉松等体育赛事被取消。布鲁克斯一度也陷入恐慌，但在吉姆·韦伯的领导下，企业迅速进行业务调整，通过对疫情下个人跑者需求的深度洞察、产品创新和网络营销、快递服务等商业模式改进，最终在 2020 年获得 8.5 亿美元营收，同比 2019 年反而猛增 27%。

相比之下，耐克 2020 财年营收下降 4.38%，净利润下降近 37%，年度业务增速表现远不如布鲁克斯。

2021 年，吉姆·韦伯被查出患上食管癌，不得不休息数月进行手术和化疗，但由于布鲁克斯已经形成良好的竞争力和发展基因，当年营收首次超过 10 亿美元，利润和资本回报率保持稳定增长，在美国跑者购买鞋类市场的份额升至 15%，在专业跑步市场的份额升至 26.1%，仍然是高性能跑鞋市场的领导者。

一位好掌门

第四点，**布鲁克斯在吉姆·韦伯的领导下，形成了一个专业、高效的研发创新、品牌营销和效率管理团队，很好地契合了巴菲特挑选好企业的最终标准：投资就是投对的人，尤其是企业的领导者以及核心团队。**

对于这一点，本书中有很详细的记载，建议你仔细阅读书中的第 4 章和第 6 章。在此，我摘选其中的精彩情节让你先睹为快，感受吉姆·韦伯的独特领导力。

2012 年 1 月，巴菲特邀请吉姆·韦伯到伯克希尔总部第一次见面时，问了他三个问题："你们是如何成长的？你们如何与耐克竞争？他们为什么不把你们像虫子一样捏死呢？"吉姆·韦伯对此做了详细回应，核心就是：**在资本回报率比较高的体育消费品类里，布鲁克斯实际**

上建立了一个独特的、有防御力的品牌，从而实现了营收、利润、资本回报率和市场份额的快速增长。

2012 年初，巴菲特偶然在《华尔街日报》上读到一篇报道，说 Facebook 的创始人马克・扎克伯格买了一双布鲁克斯新推出的跑鞋。巴菲特很高兴看到有这样高价值的用户增长，于是他给吉姆・韦伯发邮件说："2012 年继续加油，我们只需要再增加几百万个像扎克伯格这样的用户！"

巴菲特和吉姆・韦伯深入沟通后，非常认可他的战略选择和管理成效，于是在 2012 年安排韦伯向伯克希尔董事会进行 60 分钟的汇报。在进一步获得认可后，巴菲特充分授权韦伯全权管理布鲁克斯。韦伯询问，董事会希望收到关于布鲁克斯的哪些信息和报告？巴菲特回答："把损益总结表的首页以及你认为重要的信息发给我。唯一需要召开的会议是每年确定我的薪酬。"

为什么巴菲特和伯克希尔会对吉姆・韦伯管理布鲁克斯如此放权呢？根据书中的记载，本质上还是巴菲特和伯克希尔董事会，对韦伯的战略判断力、执行力、管理才能和人品高度认可。对此，巴菲特说了这样一段话："布鲁克斯是一家非常优秀的企业，它有太多的优势，不适合成为鲜果布衣的子公司。……我发现了布鲁克斯正在做的事情，它应该成为一家直接由伯克希尔管理的子公司。而且，当未来布鲁克斯取得成功时，坦率地讲，我功不可没。"

同时，结合布鲁克斯，巴菲特进一步阐述了他心目中好企业的一个重要标准，那就是建立竞争“护城河”。他用欧美人熟悉的比喻说，公司就像一座经济城堡，如果城堡够好，有人就会想夺走它。此时，企业需要做两件事，一是要有合适的骑士守卫这个地方；二是需要在城堡周围建一条护城河，不断把食人鱼、鲨鱼和蛇扔进去，以防有人穿过护城河。最终，企业的“护城河”就是一个伟大的品牌，要让这样的品牌进入现有和潜在用户的脑海。

具体到布鲁布斯的高性能跑鞋和跑步装备生意，巴菲特说：“世界上会有越来越多的人爱上跑步。这种需求永远不会消失。我们必须鼓励这种需求，并以某种方式满足它。跑步是如此根深蒂固，我们不必担心这门生意会消失。”

如何用巴菲特的眼光打造一家好企业

说到这里，相信你已经比较全面地了解了，为什么巴菲特会对一家聚焦于高性能跑鞋和跑步装备的细分市场创新引领公司如此赞赏有加了，如果再总结一下，可以说就是“四个一”：**一门好生意、一个好战略、一直强执行、一位好掌门。**

这本书的原版出版于 2022 年，彼时吉姆 · 韦伯大病初愈，退休也排上了日程。2022 年，跟随吉姆 · 韦伯多年的首席运营官丹 · 谢里登（Dan Sheridan）升任总裁，开始接管布鲁克斯，韦伯处于半退休状态，直到2024年4月26日正式退休，谢里登接任布鲁克斯首席执行官。

从财务数据看，这两年布鲁克斯的业务稳中有增，2023年实现营收12亿美元，同比增长5%，其中有10亿美元来自北美市场。因此谢里登开始重新推动布鲁克斯的全球化战略，其中一个重点就是重返亚太地区，尤其是中国市场。根据2024年5月2日公布的2024年第一季度财报，布鲁克斯的全球营收同比增长9%，季度营收创纪录，其中增速最快的就是中国市场，季度同比增速高达180%，其次是澳大利亚市场，季度同比增速也高达38%。之所以能取得这些出色的国际业绩，一个重要原因是来自电商的助力，尤其是中国各电商平台。

如果想更深入地了解吉姆·韦伯的商业思想，建议你细读此书，看看他如何从一个冰球专业爱好者，逐步转变为商业精英；如何从在藤校达特茅斯的塔克商学院学习、提升，到在不同商业领域进行实战摸索，最终用十几年时间让布鲁克斯这家百年体育用品公司在清晰的战略和创新引领下持续发展的。相信很多人会因此重新审视个人选择、商业教育、竞争战略、创新发展以及如何用巴菲特的眼光打造一家好企业。

带着目标，快乐奔跑

张　涛

万国体育首席执行官
安踏集团前高级副总裁

能够帮助吉姆·韦伯的这本心血力作走近中国读者，我感到非常荣幸。作为一名体育产业的老兵、一名跑者和曾经的运动产品企业管理者，我熟悉布鲁克斯这个品牌还是在担任安踏体育副总裁期间。当时的布鲁克斯，与亚瑟士、索康尼和新百伦并称四大顶级跑鞋，受到中国马拉松爱好者的热烈追捧。

一般而言，综合性体育运动品牌在运动鞋、服装和配件领域中，重点关注的类目是运动鞋。鞋子的综合收入占比往往接近甚至超过一家综合体育品牌营收的 40%（露露乐蒙是个例外）。在运动鞋类目中，最主要的品类是跑鞋。作为几乎所有体育运动的基础，全球最为普及的运动无疑是跑步。据艾媒咨询（iiMedia Research）数据，仅中国本土就有近亿名跑者；在 2022 年中国运动鞋消费者购买品类偏好调查中，80.7% 的消费者偏好购买跑鞋。《这就是布鲁克斯》就是这样一部作品，它生动地描写了以吉姆·韦伯为首的管理团队是如何领导布鲁克斯聚焦于跑步领域，从丑小鸭变成白天鹅，从而书写出独属于这家伟大体育公司的精彩逆袭史的。

中国企业深陷的三大“怪圈”

作为一部自传体性质的作品，吉姆·韦伯在书中描述了自己带领的管理团队如何领导布鲁克斯聚焦于跑步领域，战胜强大对手的商业逆袭史，翔实而全面地总结了一系列极具实用价值的企业战略管理和运营经验。其中，我最大的感受是：布鲁克斯应对系列挑战的竞争策略，对当下的中国本土企业具有直接的借鉴意义和重要价值。

在经历了 40 多年的高速经济增长之后，中国本土企业大多深陷三个“怪圈”，从而不断滑入失去竞争力与利润的陷阱：

一、品牌力不足。特别是在饱和竞争的红海市场，太多的中国企业在拥有强大供应链能力的同时，产品的品牌溢价能力却不断“撞墙”，最终无法摆脱低价竞争的恶性循环。

二、产品线绵长且核心竞争力不突出。很多中国本土企业在实现了单个品类的成功后，往往无法找到第二增长曲线。在不断转移阵地的过程中，产品线越来越长，核心竞争力却难以凸显，从而使企业最终陷入困境。

三、企业战略驱动能力差。这使得企业在遇到产业升级和行业衰退等挑战时，管理层的领导力不足，团队的执行力差，从而难以升级原有的企业业态或实现成功转型，最终在外忧内患的状况中滑向深渊。

被巴菲特选中的商业天才

吉姆在 30 多年的职业生涯中，同样经历了多个陷入困境的企业。作为一名 MBA（工商管理硕士），吉姆声称自己并没有过人的天赋，但系统的商学院教育与丰富的从业经历，给了他不断总结和提升自己的机遇，从而构建起独具自身特色的战略思维能力和管理意识。

特别是在布鲁克斯担任首席执行官期间，吉姆及其团队经历了内外部一系列严酷的挑战——经济和金融危机带来的外部冲击、“赤脚跑步”风潮给跑鞋行业带来的巨大质疑和市场流失、十几倍于布鲁克斯体量的竞争对手的残酷打压、新兴消费者消费意愿分化带来的市场需求震荡，以及企业自身战略的迷失和因转型带来的一系列冲击。虽然美国的市场环境相对于中国本土更为成熟，但显然这些挑战对于一家产品线极为聚焦、体量非常有限的体育用品企业而言，无疑是惊涛骇浪，给企业管理团队带来的几乎是灭顶之灾。

在如此严峻的考验之下，吉姆与管理团队坚守布鲁克斯的战略初心，不断提升、优化企业的竞争策略，聚焦于专业高性能跑鞋领域、坚守“快乐奔跑”的品牌定位，采取了很多颇具突破性的竞争策略，一次次挽狂澜于既倒，将布鲁克斯不断带出泥沼，并推动企业的营收屡创新高，特别是在新冠疫情冲击中，依靠出色的线上线下策略的整合，布鲁克斯的市场地位得到了捍卫。他们取得的成就如此优秀，以至于巴菲特都关注到了这个非核心业务的三级子公司:“我认为，吉姆太有才华了，他值得拥有自己的舞台，一个直接向伯克希尔汇报的舞台。我设定的路径也很明确：鲜果布衣应该把布鲁克斯转给伯克希尔。然后，布鲁克斯作为一个独立业务主体来运营。做出这样的决定，这是伯克希尔有史以来的第一次，是一次全垒打。尽管面对的是强大的竞争对手，但吉姆推动布鲁克斯前进的程度远远超出了我的预期。”

事后总结，吉姆及其团队采取的方法并无太多奇技淫巧，也没那么富有戏剧性，但也唯此，才使得他们的经验更具普适性和借鉴意义。我想，这也许正是巴菲特将吉姆的这本著作带到年度大会，推荐给所有伯克希尔股东的原因之一。

以跑者的精神过一生

除了管理历程和经验总结，书中特别令我动容的部分是，吉姆作为一名专业运动员和跑者，不仅能在企业面临风雨动荡时一次次成功地主导了布鲁克斯的战略升级，而且坦然面对命运给他身体带来的挑战。作为一个普通人、一名患者，他勇敢面对绝症、超越病痛的体验历程，为我们展示了一名优秀企业管理者丰富而强大的内心世界。他的笔触真实、坦荡、毫无保留。当他写到自己超越病痛和恐惧的折磨，重新站在所有管理层面前时，巴菲特给予的评价是最为中肯的："他不断挑战自我，竭力为所有群体提供最好的服务。"可以说，这部吉姆个人的从业史就是一部从 MBA 毕业生到卓越管理者的不断奔跑的成功史。

就在这本书付梓的当下，中国被世界田径联合会评估为全球最大的、最具活力的跑步市场。在新冠疫情前的 2019 年，中国大陆在 300 多个城市举办了 1 828 场 800 人以上规模的马拉松赛事。路跑赛事参与人次近 1 000 万，跑步爱好者超过 6 000 万。这一潮流和趋势，是中国经济发展到一定阶段的必然结果。也正是在这一大背景下，检视布鲁克斯提倡的"快乐奔跑"，以跑步来倡导更积极的生活方式，并重申"信任"的重要意义，更是这本书为我们带来的重要启迪。

RUNNING WITH PURPOSE

中文版序

建立强大且真实的品牌

我非常高兴地宣布，*Running With Purpose* 将正式推出中文版。这本书讲述了布鲁克斯如何在过去几十年间引领全球跑步热潮的独特故事。如今，是时候在中国出版这本书了，因为这里有数百万人发现了跑步这项运动所带来的变革力量。跑步在所有运动中独树一帜，因为它超越了竞争，成为一种对自我的投资，能够在忙碌的生活中为人们带来健康、健身、清晰的思维和平衡感。

参与度的增长使跑步行业成为所有运动装备、健身、健康和保健品类中最大、最健康、最有活力的类别之一，这使得跑者有更多品牌、产品和创新可以选择。而很多新的参与者和行业观察者并不知道，布鲁克斯从一开始就一直在引领跑步领域的性能创新。

2022年4月，我在美国出版了这本书；今年，我决定在担任首席执行官23年后辞去这一职务。由于健康原因，我决定放慢步伐，并幸运地将首席执行官的接力棒传递给布鲁克斯长期领导者丹·谢里登。谢里登是引领布鲁克斯持续增长的最佳人选，我相信他领导的是跑步行业中最有才华的团队。

通过本书，布鲁克斯成功之路上的经验和我一直重视的领导力原则将引起中国读者的共鸣。大多数品牌和企业并不主导其所属行业，因此布鲁克斯的“挑战者”故事作为一个长期建立商业成功的案例，会引起它们的关注。听到许多来自不同行业的读者分享布鲁克斯是如何从一个小而挣扎的品牌重塑并转变为一个成功的品类领导者，我感到非常欣慰。

此外，这本书还讲述了我个人的领导力发展历程。我相信，我们在布鲁克斯开发的许多提升领导力的方法是建立高端品牌和高绩效业务的普遍真理。这本书分享了我们如何为客户、投资者、员工和合作伙伴制定并执行增长战略。

此外，我还在本书中记录了如何建立团队和塑造文化，使其能够与世界上许多最强大的消费品牌在全球范围内竞争。我相信，强大且真实的品牌一定是经过几十年的市场检验才能建立起来的。真实的基础是信任，而在布鲁克斯，这一直是核心价值观。建立和维护一种能够赢得客户信任并每天卓越执行的文化，是布鲁克斯最大的竞争优势。对于每一个试图对客户保持真实的企业来说，这都有宝贵的借鉴意义。

这本书以一个挑战作为收尾，这个挑战今天仍然令我深有感触：**现在比以往任何时候都更需要有目的地奔跑。**选择一条道路，坚持下去，每天努力做出改变。正如一句话所言："成功的秘诀是对目标的锲而不舍。"

人生短暂，跑无止境！

吉姆·韦伯

2024 年 7 月

RUNNING WITH PURPOSE

自　序

“布鲁克斯是一个很棒的故事”

让我坐下来写这本书的动力来自沃伦·巴菲特。2020 年 2 月，我刚刚花了几天时间，在亚特兰大参加 2020 年奥运会马拉松选拔赛。在那里，美国跑得最快的马拉松选手将争夺即将到来的东京奥运会美国队席位。那时，我有机会与巴菲特开始对话，以了解他如何看待人们对商业、企业和领导者的信任度不断降低这一问题。我试图更好地理解这个问题的成因和背景，从而更有效地应对不断扩大的环境、社会和公司治理（ESG）原则所带来的挑战。一直以来，我和每一位商业领导者都需要（现在仍然如此）应对这些原则带给我们的挑战。在从亚特兰大回家的路上，巴菲特邀请我去奥马哈参加周日上午的早餐会。早餐会上，我们就布鲁克斯的经营、经济形势以及我提出的领导力信任的话题展开了热烈的讨论。当上午的谈话即将结束时，他补充道：“布鲁克斯是一个很棒的故事，你应该写一本书。”在巴菲特提议之前，其实我曾生发过这样的念头。

2015 年，55 岁的我休了职业生涯中的第二次长假。我偶尔会请假，但都不超过一周（顺便说一下，我并不以此为荣）。几年前，布鲁克斯为了留住人才，创建了一个休假制度：在布鲁克斯工作满 13 年后，每个员工都有资格获得为期 4 周的带薪假期。因此，我获得了自 8 岁开始在家族企业工作以来最长的一次休假。我决定，这个月远离网络，每天早上写作 4 小时来记录我的人生旅程。其间，我还努力学习弹吉他，在上完课并完成每天的练习后，恰好可以继续我的日常写作。最终，我完成了一份 3 万字的手稿，并给它起了一个标题——《追逐梦想》。随着休假的结束，我的日常写作计划也终止了。我又立刻投入工作中，为我关注的布鲁克斯的发展注入新活力。随之而来的，还有巴菲特的鼓励。

布鲁克斯之旅

我坚信，作为一个品牌、一家企业，布鲁克斯“从无到有”的故事值得为大家所知。写这本书的构想已经在我脑海中浮现了一段时间。行业外的人士也注意到了我们的进步，因为布鲁克斯已经成为一些商学院的研究案例，而我也经常回到美国达特茅斯大学塔克商学院，为 MBA 学生带来布鲁克斯之旅的生动课程。

在创作我人生第一本书之际，我问了自己几个重要的问题。第一个问题是“为什么要写这本书”，答案是“我真的想把布鲁克斯的故事讲给全世界”。通过专注、创新和努力工作，布鲁克斯团队创建了一家卓越的企业，我希望更多的人，特别是跑者，能够了解布鲁克斯这个品牌。在回答了写作初衷之后，接下来的问题是：在布鲁克斯的发展历程中，哪些因素与它的成功密切相关？哪些故事最有趣？对谁来说最有趣？

首先，布鲁克斯的发展历程是一个伟大的逆袭故事。90 岁“高龄”时，该品牌在濒临破产时被重塑。最终，在竞争激烈的市场中，布鲁克斯不仅生存下来了，还迎来了蓬勃发展。在这一过程中，布鲁克斯克服了各种不利因素，包括经济大衰退、周期性的行业颠覆，以及一场具有广泛影响的疫情。我们深知，这需要极大的专注力、灵活性和韧性，这些词听起来就像时髦术语一般，因为它们说起来容易做起来难。

其次，布鲁克斯的发展历程是一个了不起的“大卫对决歌利亚”式的战略竞争故事。在任何一个行业（包括运动鞋业和服装业），要说出领先的平台型企业的名字并识别出其商标，都很容易。我在职业生涯的早期，曾梦想着在一家占据行业主导地位的平台型企业工作，它拥有网络效应、经常性订阅收入和随着规模增长而不断增长的回报，但我的人生之旅从未把我带到这样的企业。当我刚刚加入布鲁克斯时，它的规模比其他 9 家跑鞋企业都小，耐克甚至是它的 153 倍。身为挑战者品牌，我们必须找到与同行竞争的方法，并在行业前 ¼ 的水平上实现增长并获得相应的财务回报。这从来不是一个简单的问题，但当你成功时，你会觉得一切都值得。

最后，布鲁克斯的发展历程是一个以目标为导向的品牌建设故事。 20 多年来，布鲁克斯的发展根植于一致的价值观和对目标客户——跑者的痴迷。我们培育了一种文化，它能够吸引和留住执行布鲁克斯独特品牌定位和战略所需的人才。我们致力于创造世界上性能最佳的跑步装备，一英里[①]又一英里地赢得跑者的信任，然后用盈利的方式管理我们的业务，以重新投资并实现企业业绩增长。简而言之，布鲁克斯是一个正在锻造中的“基业长青”的品牌。

当然，这本书必须是关于跑步的，因为这是布鲁克斯要去赢得的市场，而我自己在过去的 40 年中也痴迷于跑步。对超过 1.5 亿的跑者来说，无论是作为一项运动，还是对自己的投资，跑步都具有一种强大且积极的力量。在我目前的人生阶段，我已经开始把散步称为“慢跑”，布鲁克斯在自己的用户主张中也将跑步的内涵扩展到了越野跑和徒步旅行。坚持运动的邀约始终存在：右脚，左脚——重复！

成为你可以成为的最佳领导者

这本书的另一条故事线是领导力，布鲁克斯致力于帮助各级管理者成长为真正的领导者。我们改进了管理者的领导方法，以高效推动一种协作的、相互联结的、基于团队的文化。布鲁克斯以品牌和产品闻名，这些都是由我们的员工创造的，因此，我们将员工视为企业成功的关

① 1 英里 ≈1.6 千米。本书在涉及跑步距离时，主要使用“英里”的表述。——编者注

键。我通常不介意公开分享布鲁克斯的战略，因为如果没有合适的团队每天进行引导，其他企业永远无法成功地执行这些战略。

除此之外，我还问自己：这本书中是否有一个角度可以分享我的个人经历？我的个人经历对读者有什么启发价值吗？我发现，随着年龄的增长，我更加了解自己，并开始相信每个人都是其个人环境和人生经历的产物。早年的生活经历在我身上留下了很多根深蒂固的东西，我花了大约 40 年的时间才明白“我”为什么会成为现在的“我”。如果你持续学习、保持开放的心态，或一直充满着好奇，你可能会在我的人生经历中找到有用的教训，从而成为你可以成为的最佳领导者。

最后，由于我无法确定一个角度，所以本书是一个关于以上所有内容的故事。我真诚地希望它能在某种程度上给你带来价值，因为生命太短暂，而我们的时间太宝贵。至少，我希望你能受到鼓舞去跑步，因为它会让你的一天变得更美好！

哦，还有一件事。和很多人一样，我喜欢伟大的音乐和创作它的艺术家。我的生活有一张原声唱片，从我母亲在我童年的家里就喜欢和播放的音乐开始，包括约翰尼·卡什（Johnny Cash）、罗伊·奥比森（Roy Orbison）、猫王等。在此后的多次长跑中，我都会创建一个完美的播放列表来匹配当时的心境。所以对我来说，在这本书的写作过程中播放相应的歌曲，是一件很自然的事情。如果你想在阅读《这就是布鲁克斯》时加入音乐背景，可以参考我在每一章为你推荐的歌曲。

RUNNING WITH PURPOSE

目 录

RUNNING
WITH
PURPOSE

第一部分

从冰球少年
到布鲁克斯首席执行官

01

爱上运动，爱上领导力

RUNNING

WITH

PURPOSE

我仍然踏步在路途之中，
启程去赴另一场生命的交汇

♫ 鲍勃·迪伦，《愁肠难解》*Tangled Up in Blue*

四方的风之父，
为我吹动风帆，跨越年轮之海，
与之相随的是没有退路，
只有一张坦率的脸，
去面对那恐惧的漫长海峡

♫ 齐柏林飞艇乐队，《克什米尔》*Kashmir*

1963年的一天，我的母亲、兄弟姐妹、阿姨和表兄弟姐妹正在后院野餐，而当时仅3岁的我，只是在后院跑来跑去。

小时候，我内向又害羞，沉浸在自己的世界里。我总是在后院跑来跑去。我有5个亲兄弟姐妹，最大的与最小的相差不到8岁；我还有37个表兄弟姐妹，他们都住得离我家很近。按照年龄，我排在这一大群兄弟姐妹的中间。虽然有一个如此大的家庭，但事实上，我从未觉得自己真正融入其中。我的童年生活既不幸福，也不安定。

我们住在明尼苏达州的北圣保罗郊区，那里聚集着许多工薪家庭，距离明尼阿波利斯20分钟车程，距离威斯康星州边界的圣克罗伊河也是20分钟车程。对很多人来说，那里是个荒无人烟的地方。但对我来说，那里就是家。

我出生之前，父亲就建好了我家的小房子。我对这座房子印象最深的是，它有一个红砖壁炉、一个秋千，后院还有一个供儿童玩耍的沙坑。地下室里有一间卧室，我和我的兄弟就睡在那里。

我的母亲是一个乐观开朗的人。她热情、善解人意，对每个人都面带微笑。父亲的性格与母亲正好相反，他比较悲观，总是显得紧张、痛苦和不快，我经常能感觉到他的情绪。虽然我的父亲是一个消极的人，但我在成长过程中却很少见他向别人表露自己的情绪，他只是一个人独自喝酒。他会在杯子里装满加拿大威士忌和苏打水，从早上 9 点左右开始，一整天都在续杯，晚饭时也要喝一整杯。喝酒已成为他的一种生活方式。我的母亲和父亲并不能彼此迁就，因此，我得以见证两种迥然不同的处世之道和生活态度所表现出的状态有多么不同。

毫不夸张地说，我的家庭关系很混乱。正因如此，我的童年充斥着不确定性、悲观、压力和恐惧，这让我大部分时间都在思考、担心、想象和做梦。小时候，有一个痛苦且尴尬的问题一直困扰着我：我总是尿床。早晨醒来时，我经常浑身湿透。母亲不得不争分夺秒地给我洗床单，把床擦干，让我尽量干净地去上学。除此之外，她还要给孩子们制作 6 份定制午餐，并在每一个午餐盒的正面亲切地写上我们的名字，最后让我们都能准时出发。但生活并非总是那么美好和一帆风顺。

上二年级时，我还是会尿床。某天早上，在上第一节课时，老师突然停了下来，后退了一步，问教室里是不是有人尿裤子了。我既恐惧又羞愧，脊背发凉，因为我昨夜又尿床了，气味无法散去。但当时的我并没有举手。我僵在原地，害怕她会在全班同学面前让我出去。我从来没有因为尿床去看过医生。因为我知道，我家附近的梅奥诊所将压力和焦虑列为儿童长期尿床的头号危险因素。

在我的童年记忆中，父亲好像很少有开心的时刻，除非他喝多了。直到后来我才明白，情况并非总是如此。父亲于 84 岁时去世，在去世的前一年，他和母亲在共用晚餐时和我分享了他们的故事。那也是我自出生以来第一次真正地和他们交谈。

父亲在高中时喜欢踢足球，也经常和祖父一起打猎、钓鱼。高中毕业后，他梦想成为一名建筑工程师，于是进入位于圣保罗的圣托马斯学院学习。他喜欢建造东西，从小就在建筑队工作。建筑显然是他的快乐源泉，但他后来发现自己并不适合上大学。最终，他离开了大学，进入建筑行业工作，直到应征入伍。退伍后，父亲重返建筑行业。但好景不长，祖父的意外去世让他离开了建筑行业。父母和我一致认为，经常饮酒可能是祖父去世的主要诱因。

主业“职业冰球运动员”，副业“企业总裁”

20 世纪 40 年代起，我的祖父经营韦伯晚餐俱乐部，这是一家拥有着 12 条道的保龄球馆、酒吧、夜总会和餐厅的综合型俱乐部。我的祖父母一直将俱乐部经营得很成功。但就在他们负债将俱乐部扩建成一栋崭新的大楼时，祖父去世了。祖母希望父亲继承家业，因此，父亲在 23 岁时离开了他热爱的建筑业。对祖母和父亲而言，俱乐部是他们为了生计需要打拼的事业。在父亲接下来的40年人生中，这更是他生活的全部。当然，经营一家俱乐部确实能让他每日都能喝到酒。

回顾当时的日子，我记得有一天早上，我正在俱乐部帮忙，从自动售货机里取出25美分、10美分和5美分的硬币，准备将它们存到银行。9点，一位顾客走进俱乐部，对我们说："早上好！"

当时，父亲没有回应，祖母则一脸愁容地抬起头来，苦涩地问："这有什么好的？"当时，这种消极的反应让我感到震惊，现在依然如此。我总是觉得，生命太短暂，不应该如此悲伤、愤怒或痛苦，尤其是在一天开始的时候。

我的母亲和她的家人——谢弗家族，都是爱交际、快乐、积极且受欢迎的人。我的性格比较像父亲，但我总是希望自己快乐，像外祖母那样与别人建立良好的关系。我想把人们吸引到我身边，而不是把他们推开。

多年后，作为布鲁克斯的首席执行官，我带领所有员工参加了四色性格测试：蓝色代表精确和专注；红色代表决断和果敢；绿色代表连接和关怀；黄色代表外向和投入。我想成为一个黄色性格的人。同样，在迈尔斯－布里格斯[①]的测试中，我是一个想变得外向的内向者。

① 即迈尔斯－布里格斯类型指标（MBTI），是美国作家伊莎贝尔·布里格斯·迈尔斯和她的母亲凯瑟琳·库克·布里格斯共同制定的一种人格类型理论模型。该模型重视个体在一些情境中的感觉和活动。——译者注

对我而言，成为一个外向的人是我一生追求的目标。我每天都在提醒自己，态度是一种选择，开放、乐观、积极的人才会对其他人产生吸引力。

10 岁的时候，我对自己有了一些认知。我开始与表兄妹、学校的朋友、邻居一起，在我们住的那条街附近的池塘、溜冰场上滑冰、打冰球。运动之后我会去他们家做客，部分原因是为了逃避父亲的阴晴不定。就在那时，我开始注意到，他们家里那些放松、平静、快乐和富有魅力的人，与我家里那些阴郁和谨小慎微的人之间存在明显区别。

我最终建立了自己的世界。在运动之外，我花了很多时间独处。我特别喜欢在父亲的车库和工作室里把东西拆装成新的玩意。我有化学玩具、拼装玩具、乐高玩具等。我会改装我的自行车。我经常去图书馆借电子学方面的书，并制作了晶体管收音机。我还尝试设计照明电路，并因此炸毁了许多灯泡，因为我将它们直接插入了 120 伏的插座。后来，我和哥哥还计划将他的 1967 年产雪佛兰 Bel Air 改装成一辆自有版本的酷炫街车。我还为我的立体声音响设备搭建了一套塔式扬声器。从手工制作实心橡木橱柜，到布线低音扬声器、交叉扬声器和高音扬声器，最终，这套塔式扬声器可以非常响亮地播放齐柏林飞艇乐队的《克什米尔》。我喜欢了解事物是如何运作的，这是成为优秀的产品设计爱好者和鉴赏者的关键因素。

七年级时，我很幸运地遇到了一位英语老师，她鼓励我不仅要向别人学习，还要憧憬自己的未来。她就是麦格拉思太太。她鼓励我们接触伟大的作家、哲学家或艺术家，了解他们的艺术流派并重温他们最伟大的作品。

然后，她会给我们布置一个作业：用一篇文章来阐述自己的感想。这篇文章最终给了我所需要的方向和动力。麦格拉思要求我们写一篇关于自己将来会从事的五种不同职业的文章。当然，像任何有自尊心的明尼苏达孩子一样，我选择了“职业冰球运动员”。我提到著名冰球运动员鲍比·赫尔（Bobby Hull），他曾描述过自己在训练和比赛之余有多无聊。因此我写道，我还需要一个“副业”，也许是去经营一家小企业。除职业冰球运动员外，我还选择了商务经理、神经外科医生、科研人员和股票经纪人等职业。

当时，我还在上富尔顿先生的数学课。我们曾在课上做过选股练习，并跟踪了股票的长期表现。我选择了艾睿电子（Arrow Electronics）的股票，并开始梦想成为这样一家企业的总裁。事实上，在家族中，我的伯父就是一家大型建筑企业的总裁，他的企业建造了圣保罗市政中心。那是一个可容纳 16 000 人的场馆，也是世界冰球协会的明尼苏达战斗圣徒队的比赛场地，以及美国各州的高中冰球锦标赛的举办地。我有几个朋友的父母也经营着成功的企业，他们看起来很幸福，似乎没有太多的焦虑。我隐约感觉到，自己想成为他们那样的人。

多亏了七年级的英语课和数学课，我有了一个明确的目标并可以为我的冰球梦添砖加瓦：我要获得 MBA 学位，有朝一日成为一家企业的总裁。尽管如此，我还是完全沉浸在冰球运动中。

逐渐消退的冰球梦

冰球是一项快速且注重身体对抗的运动，它对技巧、精确度、力量、团队合作和流畅性的要求很高。我第一次学会滑冰，是在邻居院子里一个极小的溜冰场上。经过多年练习后，我终于可以做到在交错的池塘和湖泊上持续滑行。明尼苏达人喜欢吹嘘他们能把冰球打出 1 千米以外，后来，我在实践中确信了这一点：对于滑冰爱好者来说，下雪前的第一次结冰期所形成的冰场是一片天堂。但正因如此，我不得不去捡那些由于失误而被抽打到湖对岸的冰球。

那时的冬天，我认识的每个人都在池塘和当地的溜冰场上滑冰，青少年冰球联赛因此大受欢迎。我的目标是去希尔·默里学校上学，那是一所当地的天主教高中，因其冰球队在青少年冰球联赛中的统治地位而闻名。我的计划是组建一支冰球队，然后参加在圣保罗市政中心举办的为期三天、可由电视转播的州锦标赛。我梦想着加入明尼苏达大学的地鼠队，成为北美职业冰球联盟（NHL）中明尼苏达北极星队的球员，甚至代表美国参加奥运会。

当时的我痴迷于冰球，并倾尽所有投身其中。我加入过喷射队、皮威队、矮脚队和校队，经常加盟一流的“旅行队”[①]，而且总是参加夏季联赛。我母亲每周都会开车送我去训练，有时早上 6 点便会出发。如果她不能送我，我就得在黑暗的冬日里，带着运动装备步行约 1 千米去极

① 在专业团体运动中，旅行队（也被称为公路队）是指从未在主场或体育场比赛的职业联赛的球队。——译者注

地竞技场，或者和队友一起搭便车去参加比赛。我那时身材高大，一开始是守门员，后来换到其他位置，最终在左翼找到了自己的位置。我特别关注一个来自北圣保罗的球员。他后来为地鼠队效力，有了一个不错的高中生涯。他可以毫不费力地在冰上来回移动。不管是在失去平衡时，还是在快速移动时，他只需依靠手腕轻轻挥动球杆，就能把冰球打入球网的上角。

我在车库里花了几小时试图掌握这种速射技巧。我报名参加了每一场夏季联赛，然后继续训练自己的挥杆技术，以确保能将球打出去。最终，我打出了一记像样的射门，可仍然无法像那名球员一样在快速移动且失去平衡的情况下成功射门，尽管我花了很多时间练习。

我的兄弟姐妹上的都是公立学校，但我决定说服父母让我去希尔·默里学校。我知道家里经济拮据，所以我在韦伯晚餐俱乐部干了很多拖地、打扫浴室的活儿，还在保龄球柜台帮忙。夏天，我还加入了一支商业屋顶施工队，以赚取我的大部分学费。在希尔·默里学校，我报名参加了足球、冰球和田径项目。因为我父亲身高约 1.88 米，我以为自己还会继续长高。但事实证明，我母亲的基因“占了上风”。14 岁时，我的身高几乎停在了 1.73 米。在团队照片中，我从后排最高的孩子逐渐变成了坐在前排的孩子。在其他人不断长高的时候，我的身高增速却一年比一年慢。在跑步方面，我没有节奏问题，但因为身高，我的步幅出现了问题。

在希尔·默里学校，许多伟大的冰球运动员在高一就进入了校队，并效力至毕业。这也是我的目标。为了有资格参加在冰上举行的选拔赛，我先要在赛道上以6分钟以内的成绩跑完1英里。跑步成绩达标后，我在三场选拔赛中赢下了两场。但是，当校队名单公布时，我的名字却不在其中。很难描述这对当时的我来说是多么大的灾难。

就这样，我在校队二队度过了难忘的一年。高二，在参加了三场选拔赛后，我终于如愿被召入校队一队。我的 NHL 梦想没有破灭。这所学校是冰球运动的强校，超过 12 名队友进入了大学冰球甲级联赛。在他们之中，守门员史蒂夫·贾纳斯扎克（Steve Janaszak）曾经作为吉姆·克雷格（Jim Craig）的替补入选 1980 年被称为“冰上奇迹”的美国冰球奥运代表队。我的锋线搭档是克里斯·普莱尔（Chris Pryor），他最终留在 NHL 打球。在接下来的时间里，我一直在校队的常规轮换阵容里，通常是第三顺位。每年，我们的目标都是获得州锦标赛的参赛资格，并获得更多观众的支持。这是高中时代的我经历过的最激动人心的事，因为似乎全州的人都在关注这场高中锦标赛的球队和球员。如果我能在全州最好的球队中脱颖而出，我将成为万众瞩目的冰球运动员。

每年在州锦标赛之前，我们都要在某个队员家里举行全队会议，为比赛做好心理准备。在我高三那年，大家围坐成一个大圈，每个人都被要求分享自己对未来的看法。鉴于这是我第三次参加州锦标赛，也是最后一次争取冠军的机会，我恳请队友下定决心赢得冠军奖杯。希尔·默里学校已经赢得了很多分区冠军，但在之前的州赛中，我们拿到的不是第三名就是安慰奖。我想赢得州冠军。我当时的心态在以后的生活中被证明是有用的：**胜利始于信念，如果你有一张比赛的门票，为什么不为**

胜利而战呢？

教练也赞同我的看法。他身先士卒，带领我们的团队迎接挑战并力图成为最好的一支队伍，这种感觉很棒。遗憾的是，虽然我们全力以赴，但还是被对方一名伟大的守门员以 1 ： 0 淘汰。

至于我未来的副业，在希尔·默里学校，我曾两次成为班长，并参加了男孩政府[①]，还是学生会成员。此外，我为学生报撰稿，并在音乐剧《你好，多莉！》中获得了一个角色。我开始热衷于培养自己的领导力。

后来，我在圣克劳德州立大学打冰球。当时，我对一位名叫玛丽·埃伦的女孩产生了浓厚的兴趣。她跟着兄弟姐妹在圣克劳德州立大学就读。我和玛丽上的是同一所高中，但直到高四才认识。那年秋天，她加入了冰球啦啦队。我在赛前热身时看到她在冰上表演，从此无法忘怀。假期里，有一场叫作“银铃舞会”的“女孩邀男孩”的交谊舞会。我暗自心想，如果玛丽邀请我一起去，那就太棒了。于是，我请一位彼此共同的朋友尝试在她心中激起这个想法，从而让她知道我的意愿。我鼓起勇气接近玛丽，在学校图书馆向她介绍自己。当时，她正在查字典，我通过寒暄打破了僵局。一周后，她打电话给我，邀请我去参加

① 美国“男孩政府”和“女孩政府”是美国特有的模拟从政活动。每年春天到初夏，美国各州会从高中三年级学生中挑选男女生各 100 名，参与模拟从政活动，为期 4 天。这些学生会组成议会，选举产生州长、副州长、州务卿，以及州政府其他主要官员，在议会审议和表决自己拟定的议题，召唤州长和主要官员前来议会述职，回答质询。被选出的这些学生可以前往真正的州政府，紧跟各自的模仿对象一天，观察他们如何工作。——译者注

“银铃舞会”。仅仅几次约会之后，我们就确定了关系。她成了我最好的朋友和真正的灵魂伴侣。她外表文静、举止阳光，内心丰盈且坚强。与我不同，她与家人关系亲密。她的父亲是当地一名成功的企业家，但平易近人，是一位天然的倾听者，总能给予他人睿智的建议。现在，我和玛丽已经在一起40多年了。

大一之后，我的冰球梦就渐渐消退了。我的身高停止了发育，我成了冰面上最矮小的球员之一，而速度也无法变得更快。我很清楚，我的冰球技能到了天花板。

我重新认真审视了那篇七年级的文章以及对“副业”的渴望。我仍然想经营一家企业，而且我需要一个MBA学位。因此，我改变了志向和关注点。我放弃了冰球比赛，转到明尼苏达大学攻读MBA学位。一路走来，我逐渐成为一名要强的学生，并再次开始争分夺秒地完成作业，努力获得优异的平均绩点、更高的考分以及进入顶级MBA项目所需的领导经验。同时，我仍然可以挤出一些时间来规划自己经营企业的道路，因为我不再在一年中的8个月里每周滑6天冰了。

跑步，天赐的一份礼物

在我大学冰球比赛挂靴后的第二天，我意识到必须找到一项可以替代冰球的运动。我喜欢打冰球。这项运动的核心是在冰面上带着冰球快速移动——穿梭、拼抢、传球、冲刺、射门。对我来说，打冰球是一场全身心的锻炼，它滋养了我的灵魂。我需要找到一项新的活动，使我能够竭尽全力，提高心率，并满足自己天生的运动欲望。那一年是1980年，当时，“慢跑热潮”正在兴起，我开始尝试参与。就这样，我开启了跑步。

在接下来的40年里，我每周跑步3～5天。我需要跑步，就像需要空气和水。我喜欢跑步这项运动的便利。只要工作和家庭安排允许，我就可以把它灵活安排在早上、中午，甚至在孩子们上床睡觉后的深夜。它总是在那里等着我，就在我的门外。当孩子们还小时，晚饭后我们会牵着狗出去玩所谓的“自行车跑”——男孩们骑着车，我则带着狗在附近的街道上奔跑。

虽然我在高中时，曾作为短跑运动员参加过为冰球而进行的训练，但我从未真正认为自己是一名“跑者”。但现在这种情况有所改变，因为我需要跑步。1982年，我报名参加了10月份的双城马拉松比赛，并决定增加日常跑步里程数以保持身材。我没有真正的计划，也不知道自己要做什么。

我总是独自跑步，从来没有和完成过马拉松比赛的人交谈过，也没有咨询过教练。我把训练发挥到极致，我可以跑20英里，自我感觉相当不错。于是，我满怀信心地踏上了起跑线。就像训练时一样，我在前20英里跑得很扎实，达到了每英里7分钟的配速，并且在上坡和下坡时还用我这双参加过冰球比赛的腿超过了很多跑者。但当我爬上密西西比河的渐变坡，进入圣保罗的最后6英里时，一切都改变了。我的身体崩溃了，腿和脚都很痛，再也不想挪动。在剩下的比赛中，我的配速超过了每英里 11 分钟，最终以 3 小时 31 分完赛。说得好听点，我是精疲力竭，但其实我的心理防线在最后 6 英里完全坍塌。

在 1982 年首届双城马拉松比赛中，我戴着比赛号码布，加入 4 000 名选手的行列。由于这是在芯片计时之前的日子，我的明信片上打印的结果反映了 3 分钟的延迟完成时间，因为我在发令枪响后花了很长时间才到达起点。当然，我必须为后人保留我真正的完赛时间——3 小时 31 分。

我很喜欢《跑者世界》（*Runner's World*）杂志的“狂欢跑”栏目。这个栏目为读者提供世界各地风景如画的跑步地点。每月拿到新上市的杂志，我都会满怀期待地赶紧翻到“狂欢跑”栏目。这些跑步地点的图片很有震撼力，让我不由得心生向往。我喜欢在有标志性景物的、环境宜人的地方跑步。在明尼苏达大学，我会沿着密西西比河边的小径跑步，一直跑到圣保罗的顶峰大道。旅行时，我会从酒店前台拿一张当地的地图，从中找出这座城市最好的一条跑步路线。就这样，我曾在纽约中央公园踩着2英寸[①]厚的新雪跑步，在夏天日出时跑过巴黎的街道，在秋天穿过莫斯科的红场，在得克萨斯州奥斯汀的伯德小姐湖小径上奔跑。马勒道州立公园就在我家附近，我在那里跑过一片次生雪松和冷杉树林，然后再跑向几棵历史悠久的古树。

跑步真的成了我的冥想时刻。一英里又一英里，我会思考工作和生活中那些让我夜不能寐的问题和挑战。有的时候，我的思绪在跑步时过于投入，以至于抬头时不知道自己身在何处，不得不去查看街道标志来确定自己的方位。我经常会在生日那天将音乐合辑放在一起——通常以鲍勃·迪伦的深沉曲目为基础——然后让自己沉浸在6英里的禅跑中。跑步对我来说，是一份天赐的礼物。

塔克商学院的录取通知书

我的第一次重大转变是在明尼苏达大学的那几年。我被选为西格玛努兄弟会的主席。西格玛努兄弟会是一个校园组织，曾经有过辉煌的日子。西格玛努兄弟会的工作十分烦琐，但对我来说，这是一个使庞大校园更加易于管理的好方式。我们招募的会员人数比往年增加了35%，我们还筹集了资金，对西格玛努兄弟会的办公场所进行了必要的修缮。

在明尼苏达大学的校园生活中，让我产生兴趣的另外一点是1982

① 1英寸=2.54厘米。——编者注

年第四季度名为“MGMT 5101”的领导力高级主题课程。这门课常常会邀请明尼苏达州当时最好的企业（包括3M、塔吉特、克雷研究、Marvin Windows等）的首席执行官来进行分享。该课程由惠洛克·惠特尼（Wheelock Whitney）来授课，他是Dain Bosworth（现为加拿大皇家银行财富管理公司）的前首席执行官，并且曾竞选过明尼苏达州州长。

惠特尼非常睿智，富有洞察力，同时颇具人文气质。他举止优雅，为人慷慨，朴实且包容。作为学生，我们曾被邀请去他家里做客，他在篝火旁边弹吉他边唱歌。他是我当时遇到的最接近文艺复兴时期气质的人。

我永远不会忘记他在课程结束时的讲话。他在讲话中明确表示，如果想要成为一名有效的领导者，就需要具备良好的判断力。我将这一领导力真理内化为对自己的个人挑战。领导者需要做出正确的判断，尤其在面对重大事件时。“良好的判断力”这一要求对我的未来大有裨益。

1982年，我和玛丽从明尼苏达大学毕业并结婚。那一年也是第二次世界大战结束以来就业环境最为严峻的一年。美国陷入了严重的经济衰退，这是由政府试图遏制不断加剧的通货膨胀现象而采取的货币紧缩政策引发的。那一年的失业率高达11%，通货膨胀严重，贷款利率飙升，优惠利率达到创纪录的21%，经济处于美国自大萧条以来最糟糕的一段时期。

当时的我，不确定自己应从事销售、财务还是运营工作，但有一件事可以确定，那就是我不想经营家里的俱乐部。我不想被失败或家庭冲突所束缚。我想加入一家真正的企业，与专业人士共事，由此踏上一条能够带领我成为企业总裁的职业发展路径。在一个竞争激烈的系统抽签面试中，我最终获得了两大银行的面试机会，分别是西北银行和美国银行。在得到了两家银行的录用通知书后，我最终选择了第九联邦储备区最大的银行——西北银行。

西北银行总部位于明尼阿波利斯，后来与富国银行合并。那是一段令人惊叹的工作经历，作为一名信贷员，当时 23 岁的我要面对形形色色的企业，从帽子和帽子纺织制造商到二手假发零售商，再到医疗产品制造商和羊毛衫企业。我通过对企业进行财务分析来评估企业贷款信用度，并与大量的一线客户进行了互动。这些客户的年纪和我父母甚至祖父母相仿。不久，我就知道我想要站在会议桌的企业一侧，成为一个品牌的一部分。作为一名年轻的银行家，我发现与企业老板和首席财务官一起工作很有启发性。银行向他们提供贷款，让他们的业务发生一些改变，因此，我对他们的战略和执行情况感到好奇。这看起来比发放和回收贷款有趣得多。

我开始计划学习一门顶级 MBA 课程，我相信这是成为有领导力的人选的关键一步。在银行工作的第一年，我遇到了苏珊·克鲁斯，她是达特茅斯大学塔克商学院的毕业生。她态度坚决地要求我去申请塔克商学院，我照做了，她还在学院招生处为我美言了几句。塔克商学院在招生的最后阶段通过了我的申请，这几乎是我与希尔·默里校队失之交臂一幕的重演。就这样，我最终收到了职业生涯中最关键的信件之一——

塔克商学院的录取通知书。

对当时的我而言，就读塔克商学院是一项巨大的投资，我主要用学生贷款来交学费。这对我的家庭来说，也是一个巨大的挑战，给初为父母的我们带来了巨大压力，尤其是玛丽。显然，我必须充分利用这个机会。我和玛丽带着一岁的儿子迈克尔来到塔克商学院，离开时又多了第二个儿子乔尔。我们深知，如果我还是单身或者我们没有孩子，我们在塔克商学院的社交体验会大不相同。虽然我会和同学一起参加周五晚上的“塔克之尾”活动，一起喝杯啤酒，但随后就会回家了。尽管我们经常错过社交活动，但我们从不遗憾，因为我们在塔克商学院的已婚人士圈子里交到了很多好朋友。这段经历是我们家庭旅程中很重要的一部分。

我在塔克商学院的第一年既精彩又紧张。我们在研究生院的生活有着与之前完全不同的工作和压力。海量阅读、案例准备、小组讨论和学期项目迫使我必须做出事务优先级的选择。这里的节奏有点像一个新兵训练营，每天都会有大量工作扑面而来。如果你对课堂之外的任何活动都感兴趣，无论是体育、健身还是家庭，那么繁忙的程度就会加剧。在 20 世纪 80 年代中期，我相信塔克商学院在以团队为导向的文化和课程方面是独一无二的。每天下午和晚上，我们以四五个人为一组，花几小时研讨案例。上课时，教授们会非常熟练地快速营造出一个充满活力的学习环境。

时至今日，塔克商学院的一些教授仍然是我所接触过的最有见地的商业人士。他们会教你如何像投资者或首席执行官那样思考；他们用思维方式和思维工具武装你，帮助你解决任何可能遇到的商业问题。这段经历为我打下了扎实的商业基础。

远方的指导者：巴菲特

当时，苹果刚刚推出麦金塔计算机，个人电脑时代已经开启。在西北银行工作时，我所在的部门获得了第一台装有 VisiCalc 软件的 IBM 个人电脑。我抓住这个机会，成为西北银行第一个创建“无纸化”电子表格的银行家。这种电子表格能够对财务报表进行历史分析，还能围绕企业的偿债能力进行预测和分析。有了 VisiCalc，你可以在几分钟内运行一次又一次的场景分析，而不是花费几小时，且从不需要用到橡皮擦。

我用个人电脑对现金流进行了详细的建模，观察现金流通量、回复率和广告资金的情况。对我来说，看损益表只是开始，我还通过收入和毛利润了解到客户的购买行为和购买意愿。我还为韦伯晚餐俱乐部建立了一个模型，该模型清楚地表明，俱乐部需要扩大保龄球联赛的参赛人数来避免亏损。但这个建议说起来容易做起来难。

在塔克商学院，我所在的班级是第一批使用个人电脑的 MBA 班级之一。我们都购买了个人电脑。我购买的是一台全新的 IBM 基础级个人电脑。那是一台 8086 电脑，配有双软盘驱动器和普林斯顿琥珀显示器，还有一台运行声音听起来像打蛋器的 OKI 文件点阵打印机。我们是第一代在个人电脑上使用电子表格进行训练的分析师。很快，我们使用的软件从 VisiCalc 升级到 Lotus1-2-3，再升级到集成文字和图形处理的Lotus Symphony。成为如此强大的新工具的早期使用者是很有乐趣的。软件可以增强人们的分析能力，让数字在文档和图表中进行对话。个人电脑更新了我的认知，如果你能将数字中反映的现实生活行为和驱动因素可视化，财务报表真的可以“说话”。

我决定在明尼阿波利斯寻找暑期实习机会，之后被考尔斯传媒公司（以下简称“考尔斯”）雇用，该公司拥有《明尼阿波利斯明星论坛报》（*Minneapolis Star Tribune*）等报纸。在首席财务官领导下的财务组工作，使我有机会访问华尔街和投资银行，审查其他传媒公司的年度报告，并为我们的最终定稿做准备。正是在考尔斯，我被介绍给沃伦·巴菲特（不是当面介绍，而是通过写给他的年度信件）。1977 年，伯克希尔收购《水牛城晚报》（*Buffalo Evening News*）时，竞争对手正是考尔斯。考尔斯曾经在水牛城拥有与《水牛城晚报》旗鼓相当的报纸，但在与伯克希尔的殊死搏斗中连年亏损，最终于 1982 年休报。这些亏损在考尔斯的财务报表上留下了不可磨灭的印记，我必须弄明白是什么导致了这些亏损。于是，我决定看看伯克希尔在这件事上的立场。通过研究参与其中的企业来了解一个行业和市场已经成为我的习惯。了解自己的竞争对手，了解他们如何向用户展示所有人都在努力争取的东西，是非常有价值的。

当“水牛城收购”尘埃落定时，伯克希尔公开表示，《水牛城晚报》在1984年从亏损400万美元变成盈利2 700万美元。他们不仅活了下来，而且大获全胜。

通过这次事件，巴菲特间接地引导我理解了我在塔克商学院期间没有完全领悟的市场动力学。报纸随着发行量的不断增长，其广告价值会不断提升，然后就可以在编辑部投入更多资金，以提高报纸内容的质量。这种良性循环创造了一个利润飞轮和不断增长的规模回报，使同行与之竞争变得愈发艰难且代价昂贵。这也是一个关于“市场信号”的真实教训，因为巴菲特通过言语和实际行动明确表示，他永远不会放弃。事实上，巴菲特曾在一个只有两家报纸的小镇上遭受过重大亏损，但他还是坚定地投资了这家报纸。考尔斯在这一场败战中是心服口服的。巴菲特清晰的思路令人耳目一新。我把他所有的年度致股东信从头读到尾后发现，这是一个目光长远的人，他让他的竞争对手和整个世界都看到了他的特质。从那以后，每一年巴菲特发布的致股东信，我都会认真阅读。

我的暑期实习非常有价值，但第二年我还是回到了塔克商学院继续学习。在此期间，我开始寻找一份真正的工作。随着经济的蓬勃发展，MBA 在市场上十分抢手，我的面试时段主要被投资银行（提供咨询）、咨询公司和投资公司（进行投资）所占据。但那篇七年级的文章再次提醒我：我想经营一家企业，并且我正在寻找实现这一目标的途径。

塔克商学院 MBA 项目的高潮体验之一是为期一周的电脑模拟游戏《大亨》: 5 名学生组成一家企业，通过一个由计算机模拟的全球钟表行业进行商业竞争，这个游戏的周期相当于钟表行业的几年。该游戏将根据企业的价值增长和盈利能力打分，最终的赢家归属于创造了最赚钱的业务的那家企业。规则已经设定好了，其他一切均交到了你的手中——产品战略、定价策略、营销组合、采购战略、物流、库存和应收账款策略、客户需求，以及国际增长。

我们玩这个游戏时很兴奋，因为这是一个可以运用到我们去年学习的许多管理工具的宝贵机会。游戏进行到一半时，我的第二个儿子乔尔出生了，所以我经常在学校和医院之间跑来跑去。

我的团队在游戏中成立了 Roman Hands 公司（记住，这是钟表行业，那时钟表还有指针）。这款游戏非常棒，但我们在企业成立初期就犯了一个错误：我们没有注意外包生产产品的落地成本。我们一直在疯狂地发展，但实际上一直在赔钱，直到我们发现钟表外包生产的真正成本比我们自己生产的成本还高时。我们迅速进行了调整，然后奋力冲向终点线，最终获得了第二名。考虑到之前几乎致命的失误，我们把第二名当作胜利来庆祝。我们在参加模拟游戏期间得到了很多教训，最明显的一个教训是：事情只做到 80%，也许并不会达到自己的目标。创业失败的因素有很多，所以你必须关注创业中的一切。

按照我的理解，商业项目的执行类似于向前移动一堵砖墙，一次可以移动几块砖，但每块砖的移动方向和速度都要同步，否则墙就会倒塌。这堵墙就是你的企业，每块砖就是一组关键的优先级事项。我开始注意到，伟大的企业会同时做好很多项目，它们的成功并非偶然。这不是通过一个超级明星员工、一款获奖产品或成为当下的热门品牌就可以实现的。《大亨》模拟游戏让我在第一次执行商业计划时就遭遇了挫折。不幸的是，这并不是我的最后一次受挫。

发令枪响了，我起跑了。

蓝色火焰思想
RUNNING WITH PURPOSE

塔克商学院的经历，塑造了我后来在布鲁克斯优先考虑的许多价值观：从投资者和首席执行官的角度去思考企业；通盘考虑，事先验证计划；为客户和盈利能力解决问题；拥有自己的观点；制定一个你可以实现的竞争战略；像塔克商学院的小组那样，做到团队制胜。如果你很聪明，那很棒。如果你不能带领队友一起站在终点线上，一切就结束了。

02

“你应该来运营这家公司”

RUNNING

WITH

PURPOSE

有时我疲惫不堪，
但我知道我有一件事必须做

♫ 齐柏林飞艇乐队，《漫步向前》*Ramble On*

02
“你应该来运营这家公司”

作为一名刚刚获得 MBA 学位的毕业生，我渴望把所学的知识用在工作中，并还清学费债务。最重要的是，我想进入一家真正的企业工作，并继续磨炼我的领导力。

我在明尼苏达州的皮尔斯伯里食品公司（以下简称“皮尔斯伯里”）找到了一个分析师的职位，我认为这是一个绝佳的机会。这家企业已经迅速成长为包装消费品领域里的领导者。然而，得到皮尔斯伯里发展部的这份工作，就像是我在希尔·默里学校读高二之前没能进入校冰球队，以及后来又被塔克商学院推迟录取经历的重演。我参加了几次自我感觉不错的面试，但并没有收到任何录用通知书。

很明显，我不是首选。这组候选人中不乏一些佼佼者，包括芝加哥大学和沃顿商学院的毕业生，我认识的一位哈佛大学毕业生也参加了面试。几个星期过去了，我没有得到任何回音。于是，我联系了皮尔斯伯里的一位高级领导查尔斯·麦吉尔（Charles McGill），他是塔克商学院的校友，也是全美公认的并购专家。他得到的可靠消息是，有几位面试者收到了录用通知书，但没有我。

坚持不懈是冰球运动教会我的品质。我从未放弃在角落里争球，然后把它传给队友来射门。我在皮尔斯伯里发扬了这一品质，在查尔斯·麦吉尔的推动下，我终于得到了这份工作。

皮尔斯伯里之所以会招聘 MBA 毕业生加入其并购集团，是希望几年后，将他们转入其中一家企业的业务部门。对我来说，这是一个完美的机遇。从皮尔斯伯里面团到哈根达斯冰激凌和汉堡王，这里是打造品牌的天堂。我很兴奋能担任一个具有挑战性的角色，而且周围都是聪明且成功的人士。

我将有机会与皮尔斯伯里的许多高级领导密切合作，并向他们学习。我与之共事过的、最令人印象深刻的领导人之一是杰瑞·莱文（Jerry Levin）。十多年来，莱文一直领导着皮尔斯伯里的发展，成为其增长的引擎。他完成了数十次收购，很多都是当时最著名的品牌，从绿巨人到哈根达斯、托蒂诺比萨、本尼根餐厅和教父比萨。

通向企业领导者的前排座椅

随着市场的变化和发展，皮尔斯伯里的增长和盈利陷入停滞。我们正处于一个不友好的企业收购时代，德崇证券的迈克尔·米尔肯

（Michael Milken）和他的垃圾债券推动了这个时代的到来。皮尔斯伯里的领导团队非常担心某个企业掠夺者会发动突然袭击。在防御模式下，莱文聘请了几家投资银行做顾问，包括德崇证券。德崇证券致力于提高企业的业务绩效，并对企业的战略选择进行评估，从而保持企业的独立性。

当皮尔斯伯里的传奇首席执行官比尔·斯普（Bill Spoor）准备退休时，他选择了一位看起来完全符合标准角色的继任者。这位继任者拥有一种政治家的气场：高大、灰发、衣着得体、气场强大。但就在接替斯普两年后，他领导的皮尔斯伯里就陷入了困境。当时，我是与莱文一起工作的分析师，我们开发并模拟了从业务剥离到大规模转型收购的所有场景。

在芝加哥奥黑尔国际机场附近的希尔顿酒店召开的一次皮尔斯伯里重要董事会上，一切都到了紧要关头。新战略的重点是拆分价值 7 亿美元的牛排和艾尔啤酒餐厅业务。我被要求分析将要呈报给芝加哥皮尔斯伯里高层董事会的多个场景。每个选项都摆在了桌面上：出售、转售给股东、向股东提供股息、回购股份。因为我一直在向皮尔斯伯里的执行委员会汇报情况，所以我被邀请参加董事会会议。遗憾的是，我在会上目睹了一位首席执行官在董事会面前栽了跟头。我们花了数周时间为这次会议做准备，但首席执行官没有提前做好让董事会成员接受重大战略转变的铺垫工作，他们似乎完全被吓到了。我从中汲取的教训是，**首席执行官必须制订可信的愿景和长期计划，并得到董事会和投资者的支持。**同样重要的是，**首席执行官必须在每个领域都有竞争优势。**

皮尔斯伯里的新任首席执行官在董事会成员面前做了演讲，董事会由来自 3M、巴勒斯（Burroughs）和其他顶级品牌的首席执行官以及皮尔斯伯里的设计师和建设者比尔·斯普组成。董事会成员和斯普认为，新任首席执行官的提议是对餐厅拆分战略的否定，因此他们并不买账。计划被彻底否决后，我们乘坐私人飞机回家。那是一段安静但并不舒服的旅程，有点儿像在一场重要比赛中失利的球队坐在回家的公交车上。

几周内，董事会做出了决定。皮尔斯伯里的首席执行官辞职，比尔·斯普复出，担任董事长兼首席执行官。我们有了一个新老板。《纽约时报》后来将斯普誉为"将皮尔斯伯里打造成食品业巨头"的人。他带领皮尔斯伯里走出了困境。杰瑞·莱文指派我担任斯普的助理，这是我曾得到的最棒的培养机会。

斯普的主要任务是保持企业的完整，不出售任何业务，尤其是包括汉堡王在内的餐饮集团。皮尔斯伯里面临巨大的压力。《华尔街日报》在头版刊登了几篇关于皮尔斯伯里处境的文章。斯普的任务包括恢复业绩增长，寻找新的首席执行官，击退激进的投资者，以及在董事会成员和投资者中重建信誉。

我在皮尔斯伯里的工作繁多，以至于常常应接不暇，且并不总是关于损益表之类的管理工作。一天下午，我被要求对一家名为 Chili's 的广受欢迎的得克萨斯－墨西哥食品连锁店进行收购分析。整个执行委员会都聚集在会议室里，我通过高架投影仪一张接一张地放映着幻灯片。职业生涯的早期，当我站起来发言时，总会浑身发抖、呼吸急促、结结巴巴。唯一的解药是做好充分准备，让自己比听众中的任何人都更了解会议材料。那一天，我做好了十足的准备。

在几张幻灯片中，我自信地告诉首席执行官和执行委员会成员，Chili's 的增长是由墨西哥烤肉这一新菜单项目推动的。房间里当即爆发出一阵笑声，我只好再次强调：“这些墨西哥烤肉卖得很火！”餐厅集团总裁大声说：“吉姆，你得多出去走走。”这个菜单项目当然是墨西哥烤肉，但是当时双子城没有太多墨西哥餐馆，因此我对明尼苏达州的口味一无所知。

在之后的日子里，皮尔斯伯里继续拓展着我的视野，因为斯普在达拉斯出差时曾带我共进晚餐。第一次与董事会主席共进晚餐，让我感到拘谨，我决定只喝一杯啤酒。正如我经常听到的那样，要确保开会到得早一点、穿得好一点、喝得比老板少一点。当他点第二杯马提尼时，问我是否愿意和他一起喝一杯。我从来没有喝过马提尼。凭着良好的判断力，我回答：“谢谢，我不喝。”

他不同意，还是鼓励我尝试一下。“你在错失良机，吉姆。来吧，你一定要尝一下！”他很快为我和他各点了一杯马提尼。考虑到我父亲过去的经历，我曾发誓永远不参加酒宴，但我确实很享受和一位传奇人物一起喝我人生中的第一杯马提尼。

作为董事长的助理，我认为增长与回报的难题值得探索。我曾为高管团队写过几份机密备忘录，主题包括企业的资金成本和股票回购对股本回报率的影响。

我还读过罗伯特·D. 布泽尔（Robert D. Buzzell）和布拉德利·T. 盖尔（Bradley T. Gale）合著的《PIMS 原则：将战略与绩效联系起来》（*The PIMS Principles：Linking Strategy to Performance*）一书。这本书的分析让我有了一个关键性的认知：一罐 3 美元的标志性皮尔斯伯里饥饿杰克饼干（Pillsbury Hungry Jack）对高资本回报的重要性是领先市场份额的 9 倍。数据显示，低成本、高消耗、高频率的产品能够赢得用户的忠诚度，且往往是一项高回报的业务。皮尔斯伯里皇冠上的明珠品牌，是标志性的、咯咯笑的皮尔斯伯里面团男孩（Doughboy）。该品牌 3 美元一罐的饼干或肉桂卷占据了 90% 以上的市场份额，除此之外，还有产生了惊人毛利率和资本回报率的专项技术。因此，这是一项盈利的、不断增长的业务，它能使皮尔斯伯里继续投资新产品并争夺到更多用户。

皮尔斯伯里面团男孩是巴菲特所说的“企业护城河”（即企业保持竞争优势的能力）标志品牌之一。不幸的是，这种制胜法则并没有被整个企业所接受。皮尔斯伯里在微波技术等领域有着令人难以置信的创新力。它是最早为微波炉开发产品的企业之一，开发的产品包括爆米花和一些创新类的，如 Toaster strudel。

然而，皮尔斯伯里未能在奥维尔·雷登巴赫和流行挞等品牌的竞争中建立起可防御、可盈利的品牌地位，这两个品牌曾被认为是商业失败的典型案例。

作为一名年轻的战略分析师，我从中领悟到的教训很明确。如果你选择参与，就必须为赢而拼。如果你正在进入一个竞争激烈的新行业，需要优先解决"护城河"的问题。在商业中，护城河借用中世纪城堡的隐喻来描述一家企业的核心竞争优势。这些优势能够帮助企业走向成功，并以盈利的方式在任何潜在的竞争对手面前捍卫自己在客户心目中的地位。当我最终面对耐克时，对竞争优势的忽视是一个值得吸取的教训。

我学到的另一个教训是授权文化的重要性。比尔·斯普在企业里让人又爱又怕，但杰瑞·莱文似乎把他当作同辈人，他与斯普会谈时从不会犹豫不决。当斯普想再次加速皮尔斯伯里的收购速度，并要求我们的团队制定积极的战略时，他向莱文下达了具体的行动命令。毕竟，几年前也是在类似的过程中，斯普在布朗克斯发现了一家小冰激凌公司开了一家名为哈根达斯的店。他发现了这家小公司的潜力，于是花了几亿美元买下了它，并把它打造成一个价值数 10 亿美元的畅销品牌。斯普告诉我们的团队，他希望在一个月内看到下一轮收购的建议，所以我们集中力量，建立数据库，创建了数百个潜在的收购项目。

一个月后，莱文召开了启动会议。"比尔，你让我们准备一个广泛的并购项目筛选池，我们没有那样做。你本应该要求我们针对自身的核心战略和业务原则进行一次聚焦筛选，而这就是我们今天要向你展示的。"

鉴于斯普以挑战和嘲讽演讲者而闻名，莱文的自信以及坚定表达观点的态度给我留下了深刻的印象。这让我想起明尼苏达大学的惠洛克·惠特尼和他向我们强调的“良好的判断力”的重要性。此外，我在塔克商学院的一位教授约翰·尚克（John Shank）坚持要求，在研究案例时，研究者要对商业问题持有自己的观点。“选边站！”他建议道，“路中间只有死臭鼬和黄线！”现在莱文证明了，无论你的头衔是什么，你都要有自己的观点，并且应该公开表达它。**不要只是在选择题上打钩，要去思考并增加价值。**

作为首席执行官的助理，我有幸与皮尔斯伯里的所有高管一起工作，并向他们学习，且有了了解皮尔斯伯里所有品牌的机会。两年后，我开始在皮尔斯伯里的一个业务部门寻找一份长期工作。我考虑了汉堡王和哈根达斯，但最终选择加入皮尔斯伯里面团团队。皮尔斯伯里最好的营销人员都在面团团队，其中包括来自凯洛格公司的人才。皮尔斯伯里和凯洛格等包装消费品企业以挖掘消费者的洞察力并赢得他们的忠诚度而闻名。可以说，皮尔斯伯里面团团队是培养有才华的商业领袖的温床。我被分配到两个新产品发布项目中：微波软糖布朗尼蛋糕和蜂蜜味饥饿杰克饼干。

在那里，我感受到了营销的艺术性和科学性。我积极参与到焦点小组、口味测试、包装设计会议和研发会议中，以使团队能设计出更好的口味。如何在去除脂肪的同时，保留消费者喜爱的口味？当我们为数百万杂货店的购物者调整设计时，我需要从颜色、质地、湿度、光照这几个维度出发，在数十张布朗尼的照片中挑选出一张“最像巧克力泥”的照片作为包装封面。这对我来说是一次全新的体验。我还学会了在时长3小时的饼干品尝会之前不要吃午饭。我曾与总部位于芝加哥的李奥贝纳广告公司合作，这家企业是皮尔斯伯里面团男孩、欢乐绿巨人、老虎托尼和其他许多标志性角色的创造者。

最终，皮尔斯伯里还是没能逃脱被收购的命运。1988年，英国大都会集团提出了一个不友好但最终成功的收购要约，以21%的溢价收购了皮尔斯伯里。皮尔斯伯里发生了巨变，企业里排名前30位的管理者大多在一年内选择了离职。我也是时候开始我的新生活了。

走进伟大的户外产业

企业追求短期效益的结果就是对“护城河”业务的投资不足，导致未来无法吸引客户。在接下来的几年里，我将用这些经验和教训与亚瑟士、耐克和新百伦展开竞争。我还在皮尔斯伯里时，这家典型的室内企业就已经从世界上最好的营销人员那里学到了很多相关知识。很快，我就把和企业一同学到的东西用到了户外运动爱好者和运动装备这些当时虽小却在不断增长的市场中。

20世纪80年代，私募股权开始蓬勃发展，我的上司兼导师杰瑞·莱文很快就在新领域站稳了脚跟。当时，最成功的投资者之一罗纳德·帕尔曼（Ronald Perlman）在一次史诗般的恶意收购中赢得了露华浓公司的控制权。对我来说，更重要的是他刚刚收购了堪萨斯州威奇托市的科尔曼公司（以下简称“科尔曼”）。如果你是一名露营爱好者、野奢露营者，或任何一种户外活动的爱好者，你很可能听说过这家企业。在20世纪初，科尔曼以为夜间户外活动带来光明而声名鹊起。它的煤气灯以及后来的煤气炉、冷却器、睡袋和背包都成了户外活动的代名词。

杰瑞·莱文担任了科尔曼的董事长和首席执行官。我和迈克·埃尔文一起加入科尔曼，我担任科尔曼发展副总裁。埃尔文曾是皮尔斯伯里的一名高级律师，一直活跃在收购领域。埃尔文是一名出色的律师，也是一名睿智的导师。在皮尔斯伯里的一个早晨，我把咖啡杯倒满，准备去参加下一个会议。埃尔文冷不丁地叫住了我："嘿，等一下！我是你妈妈吗？"

我满是困惑地看着他。

"你刚喝了最后一杯咖啡。你指望我为你再煮下一杯吗？如果你把咖啡壶倒空了，你就该煮好下一壶！"这实际上成了我人生中的重要一课，迄今为止，我想我在布鲁克斯煮的咖啡比任何人都多。

科尔曼的年营收为6.58亿美元，是一家规模较小、更注重实操的企业。在科尔曼的第一年，我负责剥离几项业务、整合工厂，并评估新的广告代理商。在此期间，我还了解到问责制的重要性。1990年初，我们即将完成年终审计时，出现了一个问题。在最后一刻，我们发现位于亚利桑那州凤凰城的一个小部门水疗中心存在严重的会计违规行为。水疗中心是科尔曼品牌后院战略的一部分。这项业务主要经营为家庭后院设计的户外热水浴缸产品。浴缸配有温度控制和喷水装置，这是一种后院体验，我们后来又在其中增加了科尔曼品牌的烧烤架和户外家具。

我们在审查水疗中心时，发现其领导层夸大了营收和盈利能力。该部门用卡车运输产品，并在年底对不存在的订单虚开发票。这些卡车在凤凰城周围行驶，然后在 1 月初退货以抵扣收入。更重要的是，这些库存被故意夸大了。该部门生产的便携式热水浴缸是红木橱柜中的丙烯酸外壳。木材是按板英尺①计算的。他们号称有超过 100 万美元的贵重、有清晰纹理的红木，装在几十个托盘上。不幸的是，这些库存中的大部分都是无法在生产中使用的易燃木柴碎片。这让人哭笑不得。他们根据虚构的库存夸大了 100 万美元的利润，而这些虚构的库存价值只不过是生产车间地板上的柴火而已。

在打造品牌上小试牛刀

我们整理了账目，解雇了相关总裁。尽管我从来没有直接管理过员工，但我还是来到科尔曼总部，请求莱文让我来管理水疗中心这个部门。我努力让他相信我能扭转局面。1990 年，30 岁的我成为一家企业的总裁，这是我在七年级时写下的第一个目标。我潜心研究了便携式水疗行业的竞争现状。然后，我对所有主要竞争者进行了基准测试，研究

① 板英尺是美国和加拿大用于木材的专业计量单位。1 板英尺为 1 英尺长、1 英尺宽且 1 英寸厚的木材体积。——编者注

了它们所有的公开信息。我还研究了竞争对手的产品手册，并根据每家企业对自己的描述概述了它们的品牌理念。**打造品牌的目标不是模仿竞争对手，而是在竞争对手已经拥有的优势中找到未被发掘的机会。**如果你要在一块白板或一张纸上绘制出竞争对手在一个拥挤市场中的位置，就必须找到空白区域或间隙来进行操作。在本书第 10 章，我会详细介绍这些内容。

这家水疗中心的业务在许多方面都是一团糟，所以虽然我得到了这个机会，但要想成功，就必须重新对产品进行市场定位，真正扭转局面。我敢肯定，当时科尔曼水疗中心的团队对一个年轻且缺乏经验的新总裁持怀疑态度。但我并不缺乏信心，因为我相信业务是可以修复的。我坚信，只有对业务、组织、产品战略、资产负债表和关键营销故事进行认真、全面的评估，才能激励我们的经销商和客户，并扭转亏损局面。

在最初的 3 个月里，我展开了一次大规模的裁员，使员工的人数从约 160 人减少到 120 人。我虽然缺乏经验，但我的方法是务实的。裁员是业务的需要。

我的第一个重大错误发生在解雇水疗中心销售主管的过程中。他的个人情况与该岗位的要求匹配度不高。这是我第一次不得不解雇某人。我邀他共进早餐，但当我开始说话后，我们就放下叉子再也没碰过食物。当时的气氛很糟糕。从那以后，我学到了很多如何处理裁员的经验。

蓝色火焰思想 RUNNING WITH PURPOSE

当这一刻来临的时候，对于被裁的员工来说，那将是他永远不会忘记的一天。这意味着尊重在谈话中至关重要，你必须以专业的态度和同理心来处理这件事。至于裁员本身，是不是员工意料之中的事，员工能不能平静接受，这些都无关紧要。

随着裁员的结束，我开始投身于领导力学习之中，如饥似渴地汲取如何管理员工和整合团队的知识。水疗中心是一个亟须明确商业目标和各部门指标的转型项目，但其中大多数部门都没有制订计划。对此，管理者需要承担责任，但首先我们必须明确他们的责任。这项业务需要我亲力亲为，于是，我深入到每一个职能部门中。我与会计团队一起改进我们的月度报告，并全面了解业务绩效、支出和资产负债表。我们需要提高应收账款的催收力度。我请来了一位能力出众的人力资源主管来改善我们的人员管理水平，并每月召开由十几位核心员工参加的例会。我们开始定期进行业务审查。

此外，我们还聘请了一家新的广告代理商来激活科尔曼品牌，并阐明我们的产品理念和差异化特点。我们极大地提高了产品的质量和功能，从而在该品类中占据了一席之地。接下来，我们通过成本工程使产品更易于制造和运输，从而显著提高了毛利率。

不到一年，我们就把数百万美元的亏损扭转为可观的利润。水疗中心开始走上成长之路，团队人员也趋于稳定，而且干劲十足。不幸的是，杰瑞·莱文告诉我，科尔曼已经决定出售水疗中心。如果我想买下这家企业并继续发展，他愿意为我提供资金。我顿时想起了我家在北圣保罗的餐厅——韦伯晚餐俱乐部。但我认为，自己更适合担任首席执行官和建设者的角色，而不是所有者、管理者。我不想被一家小企业所束缚，而是想打造一个更大的品牌和企业，拥有明确的长期愿景。

再一次，扭转颓势

1991 年 8 月的一个晚上，我飞往西雅图参加科尔曼的一个会议。我同与会人员在华盛顿湖畔一家餐厅的露台上享用了一顿美妙的晚餐。回到位于凤凰城的家中，日间气温高达 46 摄氏度。为了躲避酷热，孩子们只能在早上 7 点踢足球和打棒球。其余的时间，他们不是在游泳池里就是待在室内，以保持凉爽。

然而，太平洋西北地区却拥有蔚蓝的天空和 27 摄氏度的宜人气温。望着壮观的湖水和地平线上的奥林匹克山脉，我可以想象我们在这里的家庭生活——由于我们的第三个儿子里德的出生，现在，韦伯家有五口人了。在明尼苏达州的苔原和亚利桑那州的沙漠生活过之后，热带雨林的生活看起来相当不错。

科尔曼旗下公司之一的奥布莱恩国际公司（以下简称“奥布莱恩”）是一个在日益增长的运动用品领域保持领先的水上运动品牌。早在科技先锋们在车库里创立该企业之前，赫伯·奥布莱恩（Herb O' brien）就在父母位于西雅图郊外房屋的地下室里创立了一家生产压缩成型的玻璃纤维水上滑雪板、尾波板和膝板的公司。他和他的董事会成员都是传奇人物，但后来他被曝光的副业也是如此“传奇”——他因为在滑雪板的绑带里藏匿可卡因而锒铛入狱。他失去了自己的企业，尽管该企业努力保持着令人兴奋的产品声誉。虽然缺乏盈利能力，但奥布莱恩仍然是全球相关品类的领导者，因此科尔曼收购了它。

到了 1992 年，奥布莱恩需要新的领导者。我抓住这个机会，成为它两年内的第四任总裁。就这样，我们全家五口搬到了美丽且常年多雨的西雅图。

在这片诞生了波音、微软等大型企业，还有 K2、艾迪鲍尔和安伊艾等伟大户外品牌的土地上，我被创业的灵感所包围。同时，我也再一次迎来挑战：奥布莱恩亏损严重，利润率疲软，产品陈旧，市场份额下滑，企业亟待扭转颓势。

完美！

我招募了几位核心高管，培养和激活了一支专注于为业务打造坚实基础的团队。之后，我带领团队对产品线、营销传播、促销支持、销售计划和销售队伍进行了为期 6 个月的全面改革。我们在满足用户需求并赢得用户认可的同时，提高了毛利率。在 8 个月内，我们全面推行了新的计算机系统，以整合所有商业职能并降低管理成本。我们彻底改变了经营方式，例如，制订了一项工厂和仓库的整合计划，以减少管理费用并显著改善客户服务。我们还重组了欧洲分销网络，使得业务更加聚焦，并提高了利润率。

两年内，我们重新定位了产品线和销售计划。奥布莱恩的市场份额、利润和毛利率开始持续增长。

从西姆斯到布鲁克斯

我的上司乔治·纳皮尔（George Napier）给了我积极的反馈，认为我成功地扭转了两家企业的颓势。他接着说，尽管这很令人钦佩，但我还没有证明自己有能力去发展一个品牌。这番话让我不寒而栗，因为我知道他是对的。皮尔斯伯里、科尔曼和奥布莱恩还没有教会我如何有机地发展一个品牌，并为其拓展新客户群。

1996 年，一些投资者找到我，试图说服我领导西姆斯体育公司（以下简称“西姆斯”）。这是我独立运营一家企业，并在白热化竞争的滑雪板领域培育品牌的机会。我接受了这个挑战，离开我与杰瑞·莱文在皮尔斯伯里和科尔曼共同启航 10 年的母舰。我清楚，未来将是一段波涛汹涌的旅程。

就像赫伯·奥布莱恩创造了现代滑水板和尾波板一样，汤姆·西姆斯（Tom Sims）开创了单板滑雪运动，并于 1983 年成为世界冠军。由创始人和新晋投资者组成的公司董事会中，存在着令人难以置信的分歧。从第一次董事会会议开始，投资者就认为他们在投资交易中被误导了，从而付出了过高的代价。我努力让所有人的意见统一，共同来支持企业的发展。

随着行业的不断洗牌，我受命将西姆斯的三个创业组织整合为一个全球团队，从而专注于产品创新、扩大销售和打造品牌。我潜心研究并致力于最擅长的事情：寻找未被关注的机会，从而为滑雪者带来价值。由于有数百个品牌在制作滑雪板，我们决定用足够高的工具成本开发一个靴扣绑带，使别人难以效仿。我们团队发明了“链接”绑带，拥有好几项创新和专利。我们改进了产品开发流程，重点关注那些在所有价格段技术追求者的需求。最终，我们赢得了设计奖项，并开始在性能和质量上与行业领导者进行竞争。我们的销量和利润率连续两年实现增长，市场实力指数评级在两年内从第 15 名跃居第 5 名。在所有调查类目中，西姆斯的总体表现都位居前两名。这些业绩成为我在西姆斯工作期间的一大亮点。

但董事会仍然无法正常履行职能。我仍然无法使他们团结起来，专注于企业的发展计划。大家就像油和水一样不能彼此相融。1998 年，他们对我失去了耐心，我也对他们失去了耐心。如今，我把这份工作看作职业生涯中的一段小插曲。但是，我从中汲取的教训使我为主动实现投资者的目标做好了准备。

我在西姆斯工作期间的另一大亮点，是与约翰·惠特尼公司建立了关系。这是一家私募股权投资公司，在需要资金的时候，我曾经向它寻求过投资。当时，约翰·惠特尼公司刚刚收购了布鲁克斯，这是一个拥有近百年历史的品牌，与位于俄勒冈州比弗顿以南几小时车程的耐克存在长期竞争关系。约翰·惠特尼公司需要一个对太平洋西北部地区有商业经验的人作为独立代表加入董事会。由于我此前认识布鲁克斯的首席执行官海伦·罗基（Helen Rockey），所以接受了进入董事会的邀请。同时，我也回到了银行业，加入了美国投资银行 Piper Jaffray 在西雅图的办事处，开启了一项针对中间市场的并购重组业务。

那是一段有意义的时光。我在消费品领域建立了广泛的人脉，在布鲁克斯和鹦鹉螺公司董事会的工作，让我与几个有趣的品牌保持了密切的联系。然而，布鲁克斯的情况开始变得令人担忧。这家企业经历了多次所有权和领导层的更迭。随着董事会上讨论的话题从业绩成长转向生存问题时，在保罗·维加诺（Paul Vigano）的带领下，约翰·惠特尼公司的合伙人们卷起袖子一头扎入布鲁克斯中，去详细了解到底发生了什么。

在一次气氛尤为紧张的董事会会议上，布鲁克斯的董事会主席安·艾弗森（Ann Iverson）看向位于桌子另一端的我。“吉姆，”她说，“你应该来运营这家企业。”布鲁克斯非常吸引人。我喜欢领导一家企业；我喜欢产品；我喜欢跑步。对我而言，生活就是家庭、工作和业余爱好，而我的业余爱好就是跑步。在接下来的 90 天里，我与布鲁克斯的董事会成员和约翰·惠特尼公司的合伙人进行了多次私下交谈，为布鲁克斯的生存和约翰·惠特尼公司对它进行挽救的投资找到了一条道路。约翰·惠特尼公司总裁彼得·卡斯尔曼（Peter Castleman）说：“看，这真是一团糟。我们真的不明白我们买了什么。这家企业试图为所有人做一切事。这可能需要你用5年的时间来经营好这家企业，但你必须选择一条道路，让它变得有意义。"

个人领导力原则的初步形成

我曾在世界上最伟大的包装消费品企业之一的皮尔斯伯里学习过市场营销，并在户外领域成功扭转了几个品牌的颓势。我用了近10年的时间来运营三家不同的企业。我花了一些时间来考虑约翰·惠特尼公司的提议。拥有近20年管理经验的我，能够助力布鲁克斯走向成功吗？我重读了原来的商业计划，与妻子交谈，与同事交谈，并在跑步的过程中反复思考自己的人生经验和教训。我知道一家拥有"护城河"、由品牌驱动的伟大企业是什么样的。

更重要的是，我现在知道如何去创建这样一家企业。沃伦·巴菲特对品牌热爱的表述——"它们能够占领市场份额并推动忠实客户的回购"，对我产生了很大的影响。我曾用图2-1来解释伟大的企业大多拥有的投资回报飞轮：独特的品牌地位、高利润产品和潜在的回头客。

2001年春天，我给约翰·惠特尼公司的保罗·维加诺打了电话，同意执掌布鲁克斯。这是我第二次成为一家企业在两年内的第四任总裁。

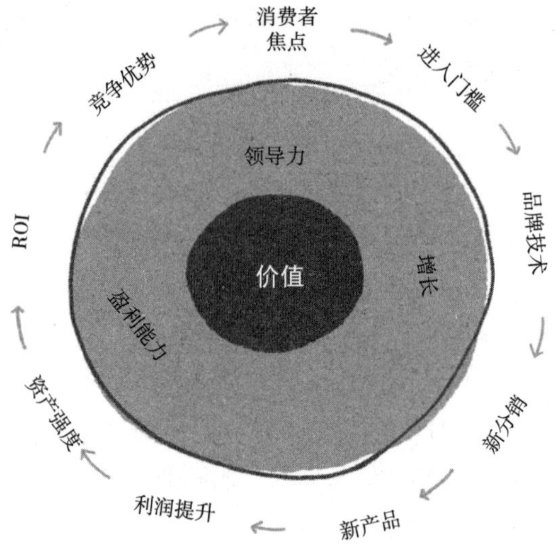

图 2-1　投资回报飞轮 = 优质的品牌 + 有纪律的商业模式

我总结了四项对企业的长期成功至关重要的领导力原则，并开始形成自己的领导力宣言：

1. 拥有一个利基市场：进入一个细分市场，同时通过不断增长业务并持续提供优质利润来追求卓越。

2. 打造“护城河”：创建一个独特的、可防御的品牌主张。从用户那里获得的信用（以全价）是衡量企业实力的标准，也是企业持续成功的必要条件。

3. 拥有盈利能力：应将盈利纳入自己的商业模式。如果成功，它可以创造一个 ROI 来加强你的“护城河”。

4. 没有执行力的愿景是海市蜃楼：如果没有行动的支持，梦想和计划就毫无意义。

03

我们只做最好的跑鞋

RUNNING WITH PURPOSE

我在飞翔，
追逐一个梦，
那个梦从未降临我身旁

♫ 汤姆·佩蒂和伤心人乐团，
《追随梦想》*Running Down a Dream*

成功的秘诀是对目标的锲而不舍。在布鲁克斯的第一天，我在办公室的白板上写下了本杰明·迪斯雷利（Benjamin Disraeli）的这句名言，并将它一直留在那里。

这句话时刻提醒我，要集中精力，打持久战，不要分心。

我对迪斯雷利没有过多的了解，但他的这句话表达了我深信不疑的观点，即持续的专注和明确的目标是成功的关键。而当时的布鲁克斯恰恰缺乏这两种品质，我决定加以补救。因此，在我刚担任布鲁克斯首席执行官的日子里，我经常告诫团队成员，在相当长一段时间内，我会不厌其烦地重复“布鲁克斯是一个专注于跑步的品牌”这句口头禅。我们不会追逐那些炫目的新鲜事物。事实上，我们会听到很多投资某某项目的建议，并周期性地得到我们应将产品线扩展到这个或那个品类的建议，比如从儿童鞋到篮球鞋。20 世纪 80 年代，轮滑运动突然流行起来，但它到达顶峰后就止步不前了。像我这样的冰球运动员会滑轮滑，但这是人类固有的运动吗？不是。但跑步是，而且一直是。跑步是所有运动的核心，我们不会把目光从它身上移开。我们需要为用户解决问题，首先、最后，以及永远。

“布鲁克斯将会成为什么？”

2001 年 4 月的一个春日早晨，我驱车穿过西雅图，前往市中心参加布鲁克斯国际经销商年度大会。当时，我刚担任布鲁克斯首席执行官两周，这是我第一次面对满屋子的全球合作伙伴。那是一个灰蒙蒙的雨天，酒店大厅里灯光昏暗，会议室内的气氛更是沉闷。布鲁克斯亏损了 500 万美元，负债超过 3 000 万美元。我们积压了大量库存，包括价值数百万美元的过时服装面料。布鲁克斯已经多年未能实现预期业绩，为布鲁克斯提供资金的银行想要退出。互联网泡沫已经破裂，全球经济严重衰退。我们的经销商要么愤怒，要么焦虑。布鲁克斯处于困境中，整个行业都知道这一点。

更糟糕的是，在 100 美元以上的高性能运动鞋市场上，竞争激烈的都是可见技术。耐克凭借其久经考验的 Air 系列球鞋高歌猛进，刚刚大张旗鼓推出的 Shox 风头正劲。亚瑟士拥有广受欢迎的凝胶系列，像 Big 5 体育用品和 Foot Locker 这样的零售商乐于提醒我们，亚瑟士的鞋子有十几种或更多的技术，这有助于零售店的店员销售他们的鞋子。在每个价格区间和零售渠道中，布鲁克斯的销售额都排在第 6 或第 7 位。耐克、阿迪达斯、锐步、新百伦、亚瑟士和索康尼都在我们前面。

我知道我要面对的是什么，但当我走进那间昏暗的会议室时，我出乎意料地自信。作为布鲁克斯的董事会成员，我仔细研究过市场。我们有一个在高性能跑步装备中生存的计划，即使这个计划一开始会引发争议。我知道市场就在那里。在过去的5年里，参加公路赛的人数增加了25%，这是一个由各种能力的慢跑者和长跑者组成的群体。这些数据充分说明，跑步是一项惊人的投资。其中的一个重要因素是女性跑者的参与。

1972年，美国国会在上一次跑步热潮达到巅峰时颁布的《教育修正案》第九条[①]，造就了新一代跑者。以跑步为核心的新一轮健康与养生热潮由此兴起。1967年，凯瑟琳·斯威策（Kathrine Switzer）多次遭到波士顿马拉松比赛总监的攻击，后者试图阻止她参加比赛。直到1972年，女性才被正式允许报名参加波士顿马拉松比赛。最近30年，跑步运动再次兴起，但少有运动鞋品牌（包括布鲁克斯）注意到这一点。相反，我们都在争夺大众市场，试图用有眼球效应的可见技术覆盖每一项运动和每一个价格点。高性能跑鞋市场一潭死水。耐克和阿迪达斯在整体上处于领先地位，但在高性能跑鞋品类中却不及新百伦和亚瑟士。

跑鞋过去是、现在仍然是运动鞋和服装中最大的品类。当时我觉得，如果我们集中精力并从中分得一小部分市场份额，我们不仅可以生存，而且可以建立起一个有意义的品牌和一项有价值的业务。

① 1972年美国《教育修正案》第九条规定，在美国，任何人都不得因其性别而被排除在接受联邦资助的任何教育或活动计划之外。——编者注

那天早上，当我通过幻灯片介绍布鲁克斯现状时，我感觉到有人在翻白眼。这很正常。我只是布鲁克斯一长串首席执行官中的一个——仅在过去两年中就换了三任。但至少他们听到了关于布鲁克斯处于困境的事实和真相。总体而言，布鲁克斯的销售额远远低于预期，发货延迟，预测过于激进，且分销渠道不同步。

我早就听说有一个新的首席执行官招聘计划。至于这个招聘计划何时执行，取决于我能坚持多久。但是，当我翻到第 8 张幻灯片时，会议室里顿时安静了下来，我的听众开始在椅子上挺起身来。

“布鲁克斯将会成为什么？”我问道。

布鲁克斯签约运动员格雷格·梅耶（Greg Meyer）以2小时9分的成绩打破纪录，赢得了 1983 年波士顿马拉松赛的冠军。这个美国冠军头衔被他一直保持到 2014 年。在波士顿马拉松赛获胜的前一年，梅耶在芝加哥马拉松比赛中名列第一。在这之后，美国人花了 35 年才再次赢得了这项比赛。

资料来源：PCN Photography/Alamy Stock Photo。

接下来，我告诉他们，未来，我们将成为一个专注于跑鞋的品牌，为真正的跑者提供卓越的性能服务。我们的产品将为最挑剔的跑者服务，赢得他们一英里又一英里的信任。我们的品牌将体现所有跑者的精神和灵魂。我们会认真对待跑步这种生活方式，会庆祝人们从中获得了正能量。我们的产品线将分为最好的跑鞋、最好的跑步内衣、跑步袜和跑步服装。一切都在围绕跑步展开，跑步，跑步，还是跑步。

相当长的一段时期内，我们的重点用户将是活跃的跑者，从竞技跑者到每周健身的跑者。布鲁克斯将制造高性能的专业跑步装备，并据此定价。我们的装备将服务于运动和跑步发烧友，完善他们的生活方式，而不是供任何人休闲使用。所以，我们的产品不是家庭鞋类，也不是时尚鞋类。我说完后，会议室里变得更加安静了。

向前移动一堵砖墙

布鲁克斯由宾夕法尼亚大学（宾夕法尼亚接力赛的主场）的一名学生于 1914 年创立。在前几十年里，布鲁克斯试图为所有运动员——跑者、摔跤手、滑冰者以及足球、篮球和棒球运动员提供一切产品。从一开始，布鲁克斯就采用了标准的运动鞋玩法。大家对运动鞋生产的共识是，你至少需要看到一个凳子的三条腿：跑步、球场、训练等。此外，你还需要在零售渠道上玩“好、更好、最好”的定价策略游戏，从 100 美元以上的高性能产品到 60 ～ 80 美元的运动休闲产品，再到 30 ～ 50 美元的大众运动产品。许多大品牌都有一个公开的秘密：穿它们运动鞋的人有一半不会去跑步、打篮球或在健身房锻炼。2000年，布鲁克斯50%以上的销售额来自30～50美元的大众运动产品。在布鲁克斯内部，我们称之为“烧烤”鞋，因为这是它们的真正用途。还有人会穿着它们来修剪草坪。今天，这类鞋被归为运动休闲鞋。

1999年，后来收购布鲁克斯的私募股权公司约翰·惠特尼公司邀请我在布鲁克斯董事会任职。布鲁克斯被约翰·惠特尼公司收购后不久，布鲁克斯的首席执行官海伦·罗基在掌舵7年后离开了该企业。她成功地扭转了企业的颓势，将跑鞋定位为企业的核心品牌，这一调整使企业扭亏为盈。在罗基之后两任首席执行官的领导下，布鲁克斯业务开始走下坡路。亏损再次出现。现在，由于布鲁克斯在出售给约翰·惠特尼公司的过程中背负了数百万美元的债务，已经没有出错的余地了。

2000年秋天，布鲁克斯陷入了危机。我们每周都会召开董事会会议，因为银行拒绝为企业运营继续提供资金。这就导致“工资支票是否会跳票”成为迫在眉睫的问题。由于计划未能有效实施，银行要求布鲁克斯在业务上投入更多资金，因此约翰·惠特尼公司董事会正积极尝试评估客户、供应商、管理层、产品、库存和现金流的糟糕程度。

在董事会要求我接管布鲁克斯之后，我花了3个月的时间研究这些数据，试图找到一条既可以遏制亏损又可以盈利的策略。2001年3月，我在康涅狄格州的办公室与约翰·惠特尼公司的几个合作伙伴共度了一天。在评估了挑战之后，我最终决定加入布鲁克斯。之所以做出这个决定，关键在于约翰·惠特尼公司方面给予了大力支持。在布鲁克斯至暗时刻，在难以保证成功的情况下，该企业同意拿出700万美元对布鲁克斯进行资本重组，使其获得坚实的物质基础。这就是我所需要的。2001年4月4日，我被任命为布鲁克斯的首席执行官。

重建的愿景越来越清晰了，但我仍然有一些严重的障碍需要克服。当我告诉董事会有10个重要的优先事项需要处理时，董事会成员建议我只选4个。我想起了在商学院学到的一个比喻：**成功需要同时同步向前移动一堵砖墙，因为失败的方式有很多种。**我告诉董事会："我们必须做好所有这些事，否则将无法达成目标。"

首要的挑战之一是说服我的新团队。实际上，我们可以一边走路（或跑步）一边嚼口香糖。我们可以不慌不忙地完善管理，获得增长和利润。许多员工认为，我只是卖掉了企业，然后一走了之。我承认，目前企业的所有者不得不卖掉布鲁克斯。银行想要退出，因为它们需要回报。但我相信，这个品牌可以通过单一地聚焦于专业跑鞋而获得成功，由此我们可以吸引投资者。我满怀信心地告诉我的团队，有问题的企业才会被出售，而有机会的企业则会引来投资者。如果我们能阐明布鲁克斯的机会，就会有很多投资者排着队来支持我们的企业，以至于我们不得不雇用一名停车场管理员！

我们的鞋盒颜色是一种特殊的蓝（色号为PMS300），我们称之为布鲁克斯蓝。我想知道，怎样才能看到越来越多的布鲁克斯蓝盒子从库房走向市场。我知道，如果能让顾客试穿我们的鞋子，就有很大的机会卖出去。事实上，研究证实，如果我们能把鞋子穿在顾客的脚上，就能赢得 60% 以上的顾客。

在市中心酒店会议室的演讲结束后不久，我就出发去见客户了。

一步步，背离行业传统观念

我在上任后的第一个春天和夏天，会见了几十个布鲁克斯的零售合作伙伴，以测试想法并听取反馈。其中一次，我拜访的是 Big 5 体育用品。在那之前的一年，它是布鲁克斯最大的客户，在我们 6 000 万美元的总收入中，它的销售额为 1 000 万美元。我们的销售团队担心我会把事情搞砸。我走进会场后得知，在大型体育用品商店，我们鞋子的平均价格是 30 美元左右，而以这个价格销售，我们其实是在赔钱。利润如此之低，我们充其量只是在换钱。我们有数百万美元的库存，这些库存占用了银行向我们提供的大量资金。会议期间，Big 5 体育用品的一位高管看着我说："吉姆，我们喜欢布鲁克斯。我们看到布鲁克斯有很多机会，但我们更看好的是你的鞋子 19.99 美元这个价位。这就是布鲁克斯的机会所在。"我心想，好吧，一切都结束了。以那样的价格，我们不可能盈利。回到西雅图后，我对那部分业务没有做任何努力，只是让它逐渐归零，因为按照既定的模式走下去，我们或我们的用户都不会成为赢家。

《跑者世界》当时的一项调查发现，价格和外观对跑者来说是最不重要的鞋子属性。合脚度和舒适性排在第一位，其次是防损伤和性能特点。当我们削减了 60% 的产品线后，不出我所料，收入迅速下降。这样的转变可能会令人很难理解。放弃全国性的大客户看起来是一个存在巨大风险的举措。但这是必须要做的，因为我知道，这最终会减少损失和库存，并产生急需的现金。

我们的计划是优先考虑与跑鞋专卖店建立合作关系，这些店铺向跑者销售专业装备。例如，西雅图的 Super Jock'n Jill 就是一家这样的店。开车经过它位于绿湖的旗舰店，你会看到跑者试穿新鞋，在人行道上慢跑。这家店最初是由劳雷尔·詹姆斯（Laurel James）于 1975 年 11 月开设的，她是一位有五个男孩的单身母亲。劳雷尔的一个儿子切特·詹姆斯（Chet James）于 1981 年开始打理这家专卖店，后来与他的妻子朱迪·阿尔布雷希特（Judy Albrecht）于 1997 年买下了它。在太平洋西北地区，Super Jock'n Jill 被视为在跑鞋、步行鞋、运动服装和顶级客户服务方面最值得信赖的资源。

像 Super Jock'n Jill 这样的专卖店常常会成为最好的跑步装备策展人。它们是守门人，是社群跑步的中心。我们知道，必须赢得它们对布鲁克斯产品和服务的信任，于是，我们开始将它们视为上帝。

Fleet Feet 是另一个重要的跑步装备策展人。2001 年，它的首席执行官和所有者是汤姆·雷诺（Tom Raynor）。他将 Fleet Feet 从一家商店发展成遍布 34 个州和哥伦比亚特区的 90 多家商店，很了不起。我被邀请参加在离北卡罗来纳州卡尔伯勒总部不远的一个山区度假村举行的 Fleet Feet 大会。

雷诺和我在外面的露台上共进了午餐。他一直关注布鲁克斯领导层的所有变动，并听取了关于我们“只做跑鞋”的策略。他忧心忡忡地告诉我：“我们关心布鲁克斯，也希望你们获得成功。我们只是不确定，你们能否仅凭跑鞋这一个品类生存下来。”

蓝色火焰思想
RUNNING WITH PURPOSE

每个行业都会发展出约定俗成的观念，而遵循它都会产生一定的风险。通常，它反映的似乎是市场领导者的成功之路，或者在销售中短期内可以轻易摘取果实的方法。约定俗成的观念导致大家对显而易见的东西进行推销，而不是创造独特或令人信服的解决方案。在鞋类行业，许多人都很信奉传统观点，即品牌必须涉足所有品类，涵盖无数个价位区间。他们认为，一家企业不能通过有限的品类来生存。我们的逆袭哲学是只聚焦于高端跑鞋，将有限的关注点变成优势。请记住，我们之前已经放弃了非高端跑鞋产品，专注于高性能跑鞋，取消了我们 50% 的产品线和 40% 的零售合作关系。

我们剩下的合作伙伴则在担心布鲁克斯背离了传统行业观念，这种观念起源于鞋类品牌拥有自己工厂的时代。那时，人们希望自己的产品能跨越品类和价格点，将风险分散到多种运动、不同品类和各个季节中，以保持工厂和员工的忙碌。如果你只聚焦于跑鞋，那如何在跑步衰落或篮球崛起的时尚周期中生存呢？要满足市场需求，你需要覆盖 30 ～ 150 美元甚至更高的所有运动鞋价格带。在此之前，没有一个大品牌会只专注于某一细分市场。总之，我们聚焦高端跑鞋的大胆声明，在业内听起来并不明智。

虽然不再需要全年去生产全系列的运动鞋，但布鲁克斯必须得有精确的质量控制。当大品牌商家们不能将整个供应链聚焦于对跑者至关重要的合脚性时，他们很难学会这一点。在我们聚焦跑鞋策略的早期，零售商告诉我们，广受欢迎的耐克飞马跑鞋的舒适度会因生产工厂的不同而有所差异。我们深知，跑者会对特定的一款跑鞋极为忠诚。而一旦你搞砸了舒适度，就有可能永远失去他们。布鲁克斯决定在跑鞋的穿着测试方面投入巨资。我们现在有一个由 10 万名跑者组成的社群，在新产品商业化之前，他们会提供实时反馈，包括多个尺码。我们得到了大量反馈，有好有坏，但总归是建设性的建议。

“我的脚感觉像在航行！”“我从来都不需要与它磨合。一旦穿上，我就可以跑好几英里。这时你就清楚鞋子非常合脚。”一家运动鞋专卖店零售商告诉我们，他们有一个“啊”系数。当人们穿上一双很合脚的鞋子，从凳子上站起来时，会说：“啊！”

而当鞋子看起来不太合适时，零售商常常会听到“我需要更多的稳定性”“鞋子不够灵活”“鞋头应该更宽一点”之类的评价。

彻底转变分销战略

我很清楚，我们的专业跑鞋零售伙伴非常关心布鲁克斯生产的跑鞋，他们也希望看到我们的计划能取得成功。在一次访问中，我见到了公路赛跑运动公司的首席商人，他当时是世界上最大的跑鞋买家。

> 好吧，吉姆，欢迎你加入，成为布鲁克斯两年内的第四任首席执行官，祝你好运。之前听说过……但我们支持你。只是，无论你做什么，都不要搞砸这种文化，因为当你走进布鲁克斯的门时，总会有好事发生。那里的人们是积极乐观的，他们想要解决问题，让改变发生，他们看起来很开心。

布鲁克斯的文化深深根植于跑步，现在它将专注于高利润、高性价比的跑步装备。如果这些产品达到了预期效果，我们就有机会赢得跑者的信任。根据《跑者世界》的数据，经常跑步的跑者每年平均购买 2.6 双跑鞋。我们将所有的营销工作都集中在跑者跑步和购物的场所。我们努力从专卖店的老板、经理和员工开始，从而赢得关键影响者的信任。

到了 2002 年，我们的分销战略彻底转变：**不再关注鞋的销售地点，而是关注跑者购买专业装备的地点。**这意味着我们调整了销售策略，以匹配我们的产品和消费者的关注焦点。布鲁克斯一直专注于销量，其分销金字塔以商场、家庭鞋店、体育用品商店、连锁百货店为基础，加上顶部的一小部分跑鞋专卖店。但是我将金字塔翻转，将跑鞋专卖店排在首位，然后是体育用品商店，最后是专注于跑者购买专业装备的商店和百货商店（见图 3–1）。这意味着，我们的产品将在所有运动鞋分销渠道中不到 20% 的门店中出现，但我们将重点关注的 4 000 家商店是购买高价跑步产品的地方。

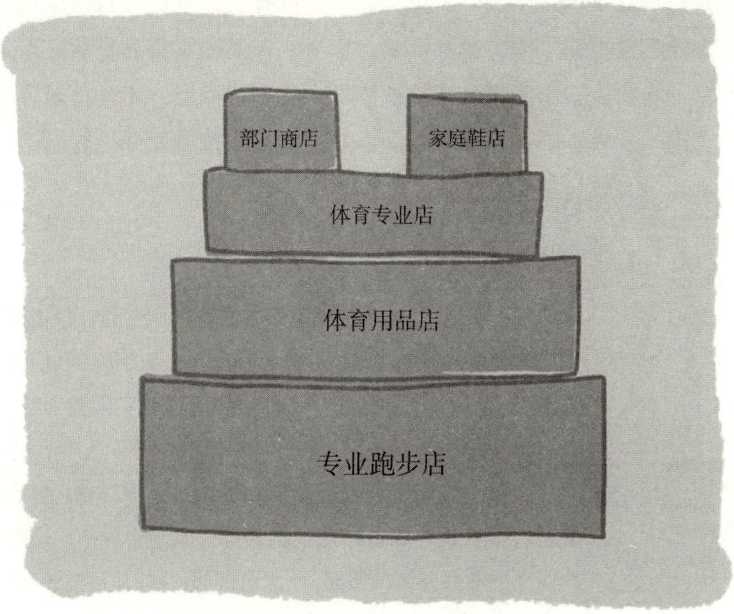

图 3-1　高性能跑步装备分销金字塔

我带着越来越多的待办事项去见董事会，包括清理资产负债表、清算库存、重启产品开发。我们进行了重组，我引入了一位新的、经验丰富的首席财务官大卫·博安（David Bohan）。我分享了这个一页纸战略，并告诉所有人，他们可能会对我不断重复这一战略而感到厌倦。

一页纸战略要求我们控制库存，通过按时开发和交付产品来提高现金流和利润率。我从奥布莱恩的夏季水上运动业务和西姆斯的雪上运动业务的极端季节性中了解到，准时并非“无关紧要”。如果你迟到了，你就会错过这个销售季。然后企业会产生库存，必须通过打折出售产品才能继续运营。为了满足盈利需求，你必须按时向零售商发货。至关重要的是，布鲁克斯不能错过全价销售这一宝贵时间点，不能出现过剩的库存，因为这样会降低利润率和用户对产品的价值感知度。我们必须让产品的开发日程表按计划进行。

蓝色火焰思想
RUNNING WITH PURPOSE

那年5月，我与布鲁克斯的高管团队合作，根据企业的实际情况重新调整了布鲁克斯的业务目标。我们调低了收入和利润预期，以便有更多的机会实现营业额，并开始建立品牌信誉。

转向专业跑鞋是我们新契机的重要组成部分，但我们仍有很多工作要做。在我的领导力原则指导下，没有执行力的愿景是海市蜃楼，因此我们必须抓紧落实计划。我们开始围绕一个简单的框架建立一个行动指南，一个让每个人都聚焦的简单战略。这个一页纸战略，迅速地让我们看清了该关注些什么。

高性能跑鞋产品的不断起飞

2001年，野兽系列（Beast）和上瘾系列（Addiction）是布鲁克斯最成功的两款运动鞋，其销售收入占据企业高性能跑鞋业务的一半，约为1 500万美元。野兽系列和上瘾系列分别在运动控制跑鞋类目中排名第一和第二。除了这两款鞋，布鲁克斯几乎没有其他成功的鞋款。我们需要加强布鲁克斯在最重要的性能领域中的地位：拥有稳定性类目，重点面向那些需要一些支撑，但想要一双比运动控制跑鞋更轻便、更具灵活性的跑鞋的跑者。

我们团队聚焦高性能跑鞋的一个关键结果，是重塑了布鲁克斯的中等价位稳定系跑鞋——追岚系列（Adrenaline GTS）。当时，这款鞋已经迭代了 3 次，尽管它还没有火起来。但我们知道，如果我们能把握住产品设计，然后确保供货，它就有潜力成为爆款。我们把它做成了一个单色组合（蓝色 / 白色），并在 18 个月里保持不变。这使我们能够以很小的风险应对库存问题，并满足了销售的需求。我们创造了一个新的鞋楦（即鞋的形状），调整了鞋的合脚性，完善了鞋头部分，并实现了平稳的穿着体验。一个更大的突破是渐进式对角线滚动条，它使用了 3 倍密度的中底泡沫，波浪状地从外向内的设计避免了脚的过度前倾，使穿者能从脚跟触地平稳过渡到脚趾离地。可以说，这款鞋的第四个版本完善了该鞋的合脚性，触感出众，穿着舒适。

之后，追岚系列赢得了《跑者世界》的“最佳革新”奖和跑步网络的“最佳创新”金奖。20 年后的今天，它被公认为市场上最畅销的稳定性跑鞋，也是有史以来最畅销的跑鞋之一，销量超过 3 000 万双。我们的一位跑鞋测试者称其为“跑鞋中的自动驾驶汽车”，他写道：“这双鞋似乎可以控制你的跑步，防止你变得懒惰或步伐失调。”

追岚系列成为拯救布鲁克斯的特许经营产品，并为企业未来 10 年的增长提供了资金。随着廉价的低利润产品的退出，我们可以专注于我在上一章中概述的领导力原则：**挑战自我以引领跑者，实现盈利增长，围绕我们的品牌建立一条“护城河”，并迅速执行。**

随着追岚系列的起飞，布鲁克斯开始在其他品类取得进展。在中性鞋款的市场上，甘油系列（Glycerin）和幽灵系列（Ghost）增加了我们对跑者的吸引力，这些中性鞋款一般会被推荐给那些不需要支撑的跑者。就在布鲁克斯签约运动员、“超马之神”斯科特·尤雷克（Scott Jurek）开始在超跑赛道上占据主导地位的时候，我们推出了布鲁克斯第一款真正的技术跑鞋——山岩系列（Cascadia）。

“从左边超过去”

我们正在不断取得进展。但跑步爱好者是一群眼光挑剔的人。你必须不断赢得他们的信任。《西北跑者》（*Northwest Runner*, 1976—2016 年出版）的编辑兼出版人马丁·鲁多（Martin Rudow）曾来到我们当时位于西雅图北部郊区博塞尔的办公室，以确保我们扛起了跑鞋领域的大旗。在他的文章中，马丁放了一张我的照片，照片中作为布鲁克斯的新任总裁兼首席执行官的我正在当地的半程马拉松比赛中爬坡。他还发自内心地写道：

> 健康的制鞋公司赞助比赛和特别赛事，并帮助运动员个人。简而言之，一个健康的制鞋产业会使我们所有人受益，而一个健康的、近在咫尺的制鞋公司应该使我们受益最大。这就

是布鲁克斯对我们如此重要的原因。

我相信我们能生存下来，但我们的旅程不适合胆小的人。我们抛弃了75美元以下的所有鞋子，不再生产或销售它们。即便如此，那一年我们还是实现了既定的业绩目标，团队也获得了很长一段时间以来的第一笔奖金。情况在不断好转。在最初的九个月里，通过清理过剩的、老化的库存，并不再投资无利可图的廉价鞋子，我们获得了大量现金。我们开始感觉到自己的步伐更加富有活力。每周五下午，我们在布鲁克斯总部举行的员工自愿参加的趣味跑步活动加快了节奏。有了新款追岚跑鞋，我们的市场份额不断增加。在会议上，我们喜欢八卦一些竞争对手的话题：在亚特兰大奥运会上，某个领先品牌的广告牌上写着："你不是赢得了银牌，而是失去了金牌。"这让很多人备受打击。**"Just Do It"可能会激励一些人，但我们致力于将一件事做好，以此来赢得数百万跑者的信任，这件事就是打造世界上最好的跑步装备。**

蓝色火焰思想
RUNNING WITH PURPOSE

布鲁克斯在行业中的排名不断上升，以至于我们对增长趋势的内部口号变成"从左边超过去"，这是跑步时从后面超过另一名跑者的通用信号。是时候通过聪明的营销方法来提高我们的声音了。我们所做的一切都是为了实现更远大的目标：业绩领先、专注高质量增长和行业领先的盈利能力。为了实现这些目标，我们将所有资源用于开发领先的产品和服务优质的客户，以及让跑者和有关键影响力的人对我们的产品和品牌产生兴奋。

当然，耐克每天上午 10 点之前在营销上的花费比我们全年的花费都多。但我们致力于真实的、充满激情和活力的营销，为跑者创建一个真正的社群——从草根到线上，再到赛事。我们的商业目标是推出更多更好的新产品，但我们也希望看到，有更多繁荣跑步这项运动的品牌能脱颖而出。布鲁克斯的营销副总裁戴夫·拉尔森（Dave Larson）领导了创意工作，策划了各种有趣的、以跑者为中心的营销活动。在接下来的几年里，我们为穿着布鲁克斯跑鞋的跑者提供了 VIP 移动厕所体验。我们还在芝加哥马拉松赛上提供了一个摊位，让人们与一个巨大的意大利面碗和一个巨大肉丸合影。我们拍摄了一条广告，主角是一名布鲁克斯签约精英运动员，她正在为我们的座右铭“快乐奔跑”而努力。“是的，”她说，“我们都想大干一场，但最重要的是要乐在其中。”我们的广告聚焦的是真正的跑者，而不是模特。

跑步网的总裁拉里·埃德尔（Larry Eder）告诉记者，布鲁克斯的娱乐营销活动突出了跑步的兴奋感。“在营销资金有限的情况下，布鲁克斯获得的价值比大企业要多得多。”这是事实，因为我们的目的非常明确。我们的每一次营销活动和所有员工都专注于跑者，我们并不介意非跑者从未听说过布鲁克斯这个品牌。

构建布鲁克斯的“护城河”

2004 年，布鲁克斯的故事、产品、分销和业绩证实了我从一开始就给团队做出的预测：投资者一定会主动上门。在转向专业跑鞋领域几年后，布鲁克斯重新吸引到了投资者的关注，更不用说媒体和零售商的关注了。布鲁克斯的销售增长、利润率和资本回报率都位居行业的前¼。我们积压了大量订单，营收比前一年增长了26%。那时，耐克已经签下了勒布朗·詹姆斯和科比·布莱恩特，并收购了匡威，菲尔·奈特（Phil Knight）辞去了耐克的首席执行官兼总裁的职务。

另一个百年品牌罗素运动服装公司（以下简称“罗素运动”）也注意到了这一点。罗素运动一直是老鹰队、牛仔队、公羊队、乌鸦队、奥本大学足球队和美国职业棒球大联盟每支球队的队服品牌。

2004年，罗素运动以1.15亿美元（9倍于我们的息税折旧摊销前利润）的价格收购了布鲁克斯，我们很高兴拥有了一名理解体育的新投资者。罗素运动首席执行官杰克·沃德（Jack Ward）告诉记者，这次收购源于布鲁克斯在高性能跑步产品方面的领导地位。

2006年春天，也就是我成为布鲁克斯首席执行官的5年后，沃伦·巴菲特的伯克希尔收购了罗素运动，使其股价上涨了35%。罗素运动、布鲁克斯以及罗素运动旗下的其他运动品牌加入了伯克希尔的鲜果布衣，这家子公司是巴菲特几年前从破产企业中收购的。

罗素运动的所有者了解到布鲁克斯有一个计划，而且正在实施中。但这并不总是能成为一个我们可以赢得并保持他们支持的条件。我认为自己必须不断地推销我们的计划，并努力寻求支持以实现我们的愿景。到目前为止，布鲁克斯显然已经赢得了在运动鞋和运动服装领域大展拳脚的入场券。虽然我们还不是一家伟大的企业，但我们已经走上正轨，并开始持续执行三个领导力原则：引领利基市场、持续增长和获得优质利润。

很有预见性的是，我曾在学校学习过沃伦·巴菲特关于建立经济“护城河”的想法——创造对客户有价值的竞争优势。即使我在罗素运动和鲜果布衣的老板不太理解我们在布鲁克斯所做的事情，我却依然相信，随着时间的推移，沃伦·巴菲特和查理·芒格（巴菲特在伯克希尔的合伙人）会理解的。

蓝色火焰思想 RUNNING WITH PURPOSE

我们的“舒适 - 体验 - 驾驭”的承诺将成为布鲁克斯“护城河”的一部分。我们知道，如果我们在 20 英里处赢得了跑者的信任，他们就会再次购买我们的产品。我们始终如一地准时向零售商交付产品的方式，是我们“护城河”的一部分。我们没有平台、网络或垄断带来的经典网络效应，但如果我们能通过追岚系列等特许经营产品赢得用户的忠诚度，进而创造出口碑并吸引到回头客，那么这些特许经营产品就可以获得规模优势，从而降低生产成本并扩大分销范围，增加销售机会。很快，你就会比其他品牌在创新和营销上投入更多。如果再加上世界级的库存管理，你就能获得巨大的发展势能。

《跑者世界》的鞋类编辑、得克萨斯州奥斯汀跑鞋连锁专卖店的老板保罗·卡罗扎（Paul Carrozza）很快就明白了这一点。他告诉记者，布鲁克斯正处于上升期，野兽和追岚系列开始跻身畅销鞋之列。体育用品情报公司（Sporting Goods Intelligence）的约翰·霍兰（John Horan）也写道，布鲁克斯正在向一个利润更丰厚的市场销售产品，并取得了领先地位。正如这些业内人士所看到的，布鲁克斯正在构建一条“护城河”。

04

领导力是打造品牌的关键

RUNNING WITH PURPOSE

猩红的火焰掠过耳边，
窜入高空的无边陷阱，
困于火势蔓延的长路，
思想就是我的地图

♫ 鲍勃·迪伦，《光辉岁月》*My Back Pages*

打造一个真正的品牌，需要布鲁克斯和我展现出始终如一的、真正的领导力，这种事情不会一蹴而就。由于我们决心摆脱原有的低端产品的干扰，成为一个高端跑鞋品牌，我们在更多的运动属性挖掘上下了一番功夫。布鲁克斯终于加速赶了上来，但还没有冲到最前面，未来还有很多的增长空间。我们需要给增长飞轮赋予更多动能。在西姆斯和奥布莱恩的工作经历教会了我如何解决银行家、投资人和一些董事会成员所要求的短期盈利问题。私募股权基金会看着你的眼睛，说它想投资 5 ～ 7 年。但通常，它需要在 3 ～ 5 年内看到结果。在职业生涯的这个时候，我知道真正的成功和价值创造需要打造长期的竞争优势，以及一个与众不同、值得信赖的品牌。让一个团队看到你的愿景，相信它的可行性并跟随你，这需要时间。赢得客户的信任，同样需要时间。

我认为，一个品牌的内涵与它卖什么、在哪里卖，以及谁来买它相关。2001 年，布鲁克斯最大的业务是 30 美元的运动风格家庭鞋类。这种情况必须结束。如果我们的大部分产品都是廉价的休闲运动鞋，我们就无法赢得跑者的信任。所以，我们进一步“破釜沉舟”，扔掉了所有无益于跑步的东西，包括笨重的运动鞋，这些鞋更多地被用于人们在后院烧烤和修剪草坪，而不是沿着街道、小径和跑道快速移动。

户外和运动爱好者心中的专业品牌，几乎都是起源于精英运动员或发烧友所钟爱的创新性和突破性产品。耐克在 20 世纪 70 年代推出了华夫饼训练鞋和阿甘运动鞋；王子推出了拥有超大球拍头和“甜区”[①]更大的经典球拍，为职业网球选手和新手球员提供了一张王牌神器；佩洛顿通过智能自行车和健身体验赢得了用户的喜爱；露露乐蒙则以高级瑜伽裤闻名。

我们需要用产品来证明自己，并赢得最挑剔用户的忠诚度。我们选择了专业跑步中的最大类别：中等价位的稳定性跑鞋。此前，亚瑟士一直在这一领域占据主导地位。当时，我们的招牌产品是追岚系列，每年能卖出 400 万双，在同类产品中遥遥领先。接下来，我们又推出了一款缓震鞋——幽灵系列（Ghost）。最终，我们的幽灵跑鞋也成为同类产品中的佼佼者，年销量超过 400 万双。

---

① 即球拍面的有效击球区。甜区能给球手足够的力量，从而实现控球与扎实的击球效果。——译者注

定义一个“北极星”

要成为一个真正的品牌，布鲁克斯需要的不仅仅是专注于几款优秀的产品，而是一个明确的品牌目标。我们需要为这个百年前成立的、在新世纪迎来了新的业务重点和商业规则的品牌明确一个目标和方向。这将是我们未来一切行动的“北极星”。

当我加入布鲁克斯时，会议室的墙上挂着这样一份企业使命：布鲁克斯将成为高性能跑步领域的领导者，以及世界上最受尊敬的企业之一。

蓝色火焰思想 RUNNING WITH PURPOSE

对我来说，这一使命就像是一场活动——它有助于设定企业目标，通常有开始、中间和结束。进一步想想，成为一家受人尊敬的企业，是一种抱负，但衡量标准是什么呢？通常情况下，“受尊敬企业”榜单要么过分强调企业当前的财务业绩，要么是受“最佳雇主”名单影响的“选美”比赛的衍生品。被赞赏是对结果的外在认可；但它并没有阐明如何真正去创造那些“受人尊敬”的结果。因此，我们认为目标比使命更可取。目标是一种永恒的事业，它可以渗透到业务、品牌，乃至文化的方方面面。这是一种选择，而不是结果。随着人们逐渐了解布鲁克斯，我们的核心目标将变得显而易见，我们可以清楚地向世界传达自己存在的理由——这就是我们的北极星。

由于我们新的、唯一的重点是为跑者制造装备并在他们购物的地方销售，于是，我求助于我们的团队成员，以头脑风暴的方式阐述我们的目标。我们安排了系列会议，每次与12名员工一起，让他们了解布鲁克斯存在的原因以及明确我们的目标。在一次会议上，我们聚集在位于巴塞尔总部的战车会议室，讨论了运动和户外领域领先的运动装备品牌是如何以雄心勃勃、史诗般的成就成为中心的：冲破终点线，站上领奖台，登顶山峰。他们还介绍了其他人都可以效仿的、处于各自运动巅峰的运动员。我想，布鲁克斯的每个人都本能地知道我们与众不同。布鲁克斯关注的是跑者和跑步。

每一个跑者、每一个人，无论这是你的第10次马拉松，还是你的第一次5英里，无论你是站在领奖台上，还是处在队伍的后面，我们都在为你制造产品，为你的跑步加油。

我们离明确的北极星目标已经很近了。耐克在跑步领域中占据了主导地位，其“Just do it”的行动口号被每个参加过竞赛的人所理解。耐克和其他品牌以史诗般的运动成就和鼓舞人心的口号作为特色。打破纪录！夺得金牌！“像迈克一样！”人们很容易仰视这些运动员。

布鲁克斯的立场是与众不同的，但它同样是令人信服的、普遍且永恒的。我们认为，布鲁克斯的目标可以体现出一种更个人化、更容易被跑者理解、对跑者具有更大的激励性的精神。那么，是像“快乐奔跑”或“奔跑，世界，奔跑”那样的行动号召吗？作为一个品牌，我们是否有足够的声望来号召人们行动？我们是否应致力于发出内部行动口号，并随着时间的推移来赢得跑者的支持?

在另一次会议中，我坐在一名市场经理的对面，他在谈话中插入了“激发”这个词。大家认为，跑者需要灵感来开始、坚持、完成目标。每一天、每一次跑步、每一场比赛都需要灵感。作为一个致力于激发客户灵感的品牌，我们应当理性地、感同身受地与客户互动。成为领先品牌或受人尊敬的企业只是一个结果，激发跑者运动是我们可以付诸行动的承诺。此外，它还要求我们加入所选择的客户，了解跑步给他们的生活带来的力量，并激发出他们的共鸣。所以，我们形成了下面这条语录，它表明，我们在一个单一的目标上插上了我们的旗帜：激发每个人去奔跑，并保持活跃。

我们的目标根植于一个我们本能地知道的真理：跑步是一种无限的正能量源泉，它可以改变人的一天、一生，甚至改变整个世界。我们的承诺是创造最好的跑步装备、工具和体验，让跑者沿着自己的道路前进。

这是一个独特的定位，我相信它可以定义我们的品牌，帮助我们成为最优秀的企业，并经受住时间的考验。在企业内外部的会议上，我多次介绍了布鲁克斯的一页纸战略（见图 4–1）。20 多年过去了，我们仍然在执行这一战略，尽管我们已经随着跑者的发展，扩大了它的规模，并增加了线上分销和沟通渠道。一眼望去，这个图表让我们想起了布鲁克斯的北极星：激发每个人去奔跑，并保持活跃。这一目标指导着我们的品牌定位、客户承诺和商业模式。

目标：激发每个人去奔跑，并保持活跃			
竞争战略	战略目标		
	高性能跑步的领导力	聚焦高质量增长	行业领先的盈利能力
产品领导力	• 标志性产品 • 技术优势	• 每个细分市场中的最佳产品	• 独特的专利产品 • 高利润 • 非促销
同品类中最佳用户服务能力	• 专业渠道领导力 • 更好地服务于户外运动	• 更长的产品周期 • 更紧凑的生产线 • 更充足的货源 • 准时供货，100%的订单满足率，24小时周转	• 卓越的服务水平 • 最小的库存率 • 最少的退款 • 强劲的库存和应收账款周期律
营销能量	• 试用者 • 跑步装备零售商 • 运动医学推广 • 运动员和教练	• 创造活力、大声呐喊 • 公关：跑步杂志、现场营销 • 沟通品牌内涵 • 聚焦跑者关注点	• 伟大的人 • 优质的品牌 • 优质的产品 • 优质的分销

图 4-1　布鲁克斯的一页纸战略

如果说目标回答了为什么，那么战略则回答了我们将如何竞争，而战略目标则描述了我们将完成什么。通过产品领先战略，我们设计出了每个细分市场中最好的、物有所值的标志性产品，从而获得了丰厚的利润。我们希望成为客户服务的佼佼者：在跑鞋专卖店中取得领先地位；按时分发和交付产品，即使这意味着工厂需要24小时运转；在管理好库存风险的同时，还能达到卓越的服务水平。我们把营销的能量带到我们所做的每一件事情当中，讲述引人入胜的故事，并赢得最挑剔的跑者的信任和由衷的认同，因为他们是关键的意见领袖。我知道，如果我们能够赢得意见领袖和常跑者的信任，他们将带来比付费的运动员或名人代言更强大的长期品牌光环。

这个一页纸战略很快得到了验证。

亚瑟士2000系列是这些年来世界上最畅销的鞋子。按照我们的估计，亚瑟士2000系列每年的销量多达800万双，这是一个巨大的数字。但从2002年开始，亚瑟士就跟不上市场需求了。与此同时，我们的研发团队在重新设计追岚系列方面取得了很大进展，这是一款稳定性跑鞋，后来成为畅销产品。皮特·汉弗莱（Pete Humphrey）是我们研发团队的负责人，他一直在与专业的跑步客户合作，以确定跑者在追岚系列跑鞋中寻找的是什么。

汉弗莱是从锐步的母公司彭特兰体育跳槽到布鲁克斯的。在彭特兰体育期间，他师从英国传奇鞋匠以学习鞋子设计，后与英超足球运动员合作，磨炼了自己的工匠技能。在追岚项目中，他设计了渐进式对角线滚动条，这显著改善了跑者的运动轨迹。他和团队成员在他那间虽小但不断扩充的实验室里，对跑者跑步时的压力点进行了深入分析。通过他们团队的深入研究，我们从生物力学的角度出发，在跑鞋内侧足弓处设计了一个支柱，这根支柱能够提供渐进式支撑，并实现了从站立中期到推进期更加平滑的过渡。追岚 4 代是一个重要突破，它预示着未来会有更多的技术创新。

我们现在有了一个很棒的产品，并且有机会让它出现在更多零售商和跑者面前。

我们的战略要求我们在客户服务方面做到最好，并实现 100% 的订单满足率。如果亚瑟士卖光了，我们就会空运各种尺码的追岚系列跑鞋过来。我们决定追逐需求，不放过任何一次通过试穿获得市场份额的机会。为了忠于我们的宗旨，我们鼓励零售商拿出我们的布鲁克斯蓝盒子。这个宗旨正在发挥作用。布鲁克斯飞轮的动力越来越大。

领导力宣言

我一直希望自己在某些方面特别出色。自从参加运动队以来，我一直在练习和提高我的技术。从我踏入布鲁克斯的那一天起，我就一直在学习如何成为一名领导者，成为一个自己渴望成为的人。

在布鲁克斯举办的一次外部领导力研讨会上，主持人鼓励大家就有效领导力的问题展开探讨。他让我们每个人利用晚上的时间，用一页纸阐述有效领导力对我们个人的意义，第二天早上进行分享。这是漫长而富有成效的一天。那天晚上回到家，我试着去阐述自己对领导力的看法，但直到上床睡觉时，我也没有拿出自我感觉良好的东西。第二天早上，我起床后出去跑步。我经常在跑步时处理一些事情——这是我最好的思考和“连接”时间。跑在华盛顿湖附近的小路上，穿过居民区，经过一片道格拉斯冷杉和西部红雪松，我深入思考了伟大的领导力。我回想起在皮尔斯伯里和科尔曼遇到的那些真正鼓舞人心的管理者，以及后来遇到的其他一些管理者。我不认为自己是一名伟大的管理者，但我确实认为自己是一名正派的管理者。这意味着什么？为什么这对我的布鲁克斯团队很重要？

回到家后，我坐了下来，冷静片刻后，我将自己对领导力的理解倾泻在了那一页纸上，并形成了一份个人宣言，它反映了我对与我共事过的最优秀和最可靠的领导者的赞赏。在布鲁克斯，我试图以我希望被领导的方式来领导员工。因此，我写道：

1. 我希望被这样领导：
    - 我不想被管理、被操纵、被利用、被告知或被指派任务，我也不想上下班打卡。

2. 我为身处这样的企业而颇感自豪，我希望自己和企业能收获朋友、伴侣、家人和社会的积极评价：
    - 企业应该是一个有着令人钦佩的目的并对人们起到有益

帮助的地方。

- 企业应该是一个讲诚信的地方，不会因为没有遵守社会标准或兑现承诺而在新闻中出现。
- 企业应该是一个有前途、有抱负的地方。
- 企业应该是一个渴望为世界、行业和客户创造价值的地方。
- 企业应该不断创新，努力突破极限，为市场带来新的解决方案。
- 企业应该是一个经得起时间考验的地方，而不是在第一场风暴来袭时就会消失。我想成为成功的一部分。

3. 我希望以公开透明的方式与他人沟通：
    - 我们要去哪里？我们代表什么？我们为什么如此努力工作？
    - 请尊重我个人，不要因为我的头衔或为了领薪水才追随我。我想在一个精神回报比薪水更丰厚的地方工作。
    - 我希望能够完全信任管理和控制组织议程的人。影响我或组织的秘密议程和相关的、未公开的信息会让我晕头转向。
    - 我希望组织的议程和基调保持一致。如果它是不可预测的，我将无法在任何一段时间内保持一致的步伐。
    - 我希望能够相信自己会被公平对待；这种结果和影响将占上风，报酬和认可将以公平的方式随之而来。

4. 我想学习：
    - 我想接触新事物，提高我的技能，扩展我的知识面。

- 我希望看到更宏大的愿景和视野，并将我的工作置身其中。
- 我想了解一些创业者的故事，以了解他们来自何方以及如何思考。

5. 我想挑战自我，充分发挥我的才能，做有意义的工作：
    - 我不想把时间浪费在原地打转或做没有价值、被摒弃的工作上。

6. 我希望努力工作，享受工作：
    - 我希望有时间享受乐趣，庆祝成功，和我的工作伙伴交往。
    - 我将为工作投入大量精力，并希望从工作伙伴那里获得更多的能量。

7. 我需要感受到你对我工作的支持和信心：
    - 我需要知道你支持我的目标和议程。只有这样，我才能自信而大胆地行动。
    - 在这个瞬息万变的时代，拥有紧迫感并果断行动至关重要。当我已经迈出第一步时，请不要犹豫或回避。

8. 我希望与目标和价值观一致的人一起工作：
    - 我想成为一个具有凝聚力并共享企业核心价值观的团队中的一员。
    - 我想加入一个开放俱乐部。我想身处一个欢迎不同风格、经历、性别、种族和国籍的多元化人才的团队之中。

- 我希望将精力花在对组织和世界产生积极影响的工作上，而不是把精力浪费在以自我为中心的内部冲突上。

那天上午晚些时候，我回到会场，在小组讨论会上展示了我的个人宣言。后来我收到了不同的反馈。有些人真的很欣赏这些观点，而有些人则告诉我这很奇怪。无论如何，宣言中的每个观点都是由我一生中去达成承诺的经历来支撑的。我所知道的一切都来自对那些真正擅长工作的人的观察，然后将其融入我的技能和方法。当然，还有一些是我不想成为的人的特质。那些人的行为和品质理应被抛弃。

真正的领导力的 3 个特征

2019 年春天，我受邀在母校明尼苏达大学卡尔森管理学院发表毕业演讲。这是一个巨大的荣誉。他们要求我分享一些布鲁克斯的故事，并谈一谈我的领导力精髓。那年五月，我站在几千名本科生、研究生以及他们的朋友和家人面前。我深感责任重大，因为我要向这些刚刚拿到学位、即将进入人生下一阶段的毕业生传递一些实实在在的价值。我坚信，强大的领导力是一种在商业和生活中永远有价值的硬通货，于是我梳理了一些自己的想法。对我来说，**真正的领导力可以提炼为三个关键词：专注、好奇和信任。**

从在布鲁克斯工作的第一天起，我就知道，为了生存，我们必须保持专注，而我作为首席执行官，职责是为团队扫清这方面的障碍。如果我不能明确重点，我就可能无法带领好团队。从那时起直到现在，我都在围绕我们鼓舞人心的目标而努力把握机会，并成为团队中的一员。这个团队正在世界上最大的体育用品类别和有史以来最具包容性的运动之中，建立起独一无二且成功的生意和品牌。同样重要的是，专注还能帮助人们避开干扰，决定不去做什么。明确的目标加上持续的专注，会助你最终取得胜利。

对我来说，好奇就是在不断变化的世界中破解谜题。为了避免成为昙花一现的奇迹，作为领导者，你需要开发一个强大的雷达，因为没有什么是一成不变的，所以你要愿意重新做出调整。做一个学习者，而不是一个博学者。好奇通常能够折射出你在理解周围世界时的谦逊态度。解决客户的需求同样需要这种强烈的好奇。在布鲁克斯，我们每天都会努力在客户心中创造品牌的亲和力。在伯克希尔，查理·芒格经常提醒我们，**要避免生意衰退的三个基本要素：傲慢、官僚主义和自满。**其他同样拥有资本和头脑的人总是会竞相打破你的“护城河”，抢走你的客户。保持谦逊、保持好奇和避免自满是必要的，尤其是在取得巨大成功之后。关于保持好奇的最后一点是：**重新评估和校准你的“雷达”，但这并不意味着动摇了目标的坚定性。**

我认为，真正的领导力的第三个特征是信任。商业和生活，与人密切相关。幸福和成就感来自你和生活中对你至关重要的人的关系。对我来说，这些人包括我的妻子、我的儿孙、我的密友，以及我在布鲁克斯的队友，我和他们一起分享我们的品牌建设之旅。然而，我一开始并不具备这种智慧。在我职业生涯的早期，我缺乏同理心。我的情绪很不稳定，急于寻找正确答案。对我来说，这通常意味着我只关心数字而忽略了一些人情世故。回顾过去，我是如何赢得玛丽·埃伦的芳心对我来说，至今仍然是一个谜！考虑到我狭隘的专注力和糟糕的情商，我只能将其归因于她富有远见和耐心。但这些年来，我渐渐了解到，**商业中每一个数字和每一件事背后都隐藏着人类的行为。**成功需要与人们建立关系，这意味着人与人之间要产生信任。

我们渴望将布鲁克斯打造成一个值得信赖的品牌。它始于对积极产品体验的承诺，但要深刻得多。我们是一个以目标为导向的企业，围绕着“跑步会让你的一天更美好”这一事实而建立。我们用文化和价值观来参与商业竞争。我们认为，如果能在所做的每一件事情中始终如一地表达企业文化，随着时间的推移，布鲁克斯将与志同道合的人产生更大的共鸣。这些人会在理性和情感上信任我们。在过去的30年里，我目睹了多次信任危机。这样的故事太常见了。这是一个透明度和监督力度日益加大的时代。人们正在寻找他们可以信任的人。

蓝色火焰思想
RUNNING WITH PURPOSE

对真正的领导力来说，总会有一些未得到有效解决的空白机会。我在布鲁克斯外部领导力研讨会上所写的领导力宣言，为我本人定义了真正的领导力。我在本书前面概述的一位首席执行官需秉持的四项领导力原则，现在需要加入反映人性物质的第五项：

1. 拥有一个利基市场：进入一个细分市场，同时，通过业务的不断增长并持续提供优质利润来追求卓越。

2. 打造“护城河”：创建一个独特的、可防御的品牌主张。从用户那里获得的信用（以全价）是衡量其实力的标准，也是企业可持续成功的必要条件。

3. 拥有盈利能力：应将盈利纳入自己的商业模式。如果成功，它可以创造一个投资飞轮来加强你的护城河。

4. 没有执行力的愿景是海市蜃楼：如果没有行动的支持，梦想和计划就毫无意义。

5. 真诚地领导：专注、好奇和信任是与人沟通的基础。要以尊重、正直和谦逊的态度对待别人。

当世界做好迎接重大经济动荡的准备，市场也在重新评估跑步这项运动并考虑放弃跑鞋时，我们将有机会践行真正的领导力。

05

不追随，不迎合，固守于研究、数据、事实和洞察

RUNNING WITH PURPOSE

太好了，
一切都始于一场地震

♫ 快转眼球乐队，《这是我们所知道的世界末日(我感觉很好)》

It's the End of the World as We Know It (And I Feel Fine)

对于跑步、经济和政治而言，2008 年绝对是难忘的一年。伟大的埃塞俄比亚选手海勒·格布雷西拉西耶（Haile Gebrselassie）在德国柏林以 2 小时 3 分 59 秒的成绩创下了马拉松的世界纪录。这一年也是奥运年，世界上最优秀的运动员在中国北京同场竞技，包括代表美国参赛的布鲁克斯签约马拉松运动员布莱恩·塞尔（Brian Sell）。

在布鲁克斯，我们更像是一个只有 7 年历史的创业新手，而不是一家已有 90 年历史的企业。自 2000 年以来，我们的规模增长了两倍（见图 5-1），但进入 2008 年后，我们失去了发展动力。在这 10 年中，我们第一次失去了市场份额，部分原因是主打鞋款的舒适度不稳定。虽然我们的追岚系列跑鞋仍在该类别中不断赢得新的跑者，但我们在其他品类中停滞不前。我们熄火了。品牌就像鲨鱼，如果不游动，就只能坐以待毙。如果我们的产品不够强大，我们的故事不能吸引新的跑者，我们将失去用户，因为他们会选择其他品牌。简单地说，**每一天，品牌要么变得更强，要么变得更弱。**由于油价上涨、汇率波动和劳动力市场紧张，国外代工成本在增加，布鲁克斯的利润率受到了挤压。

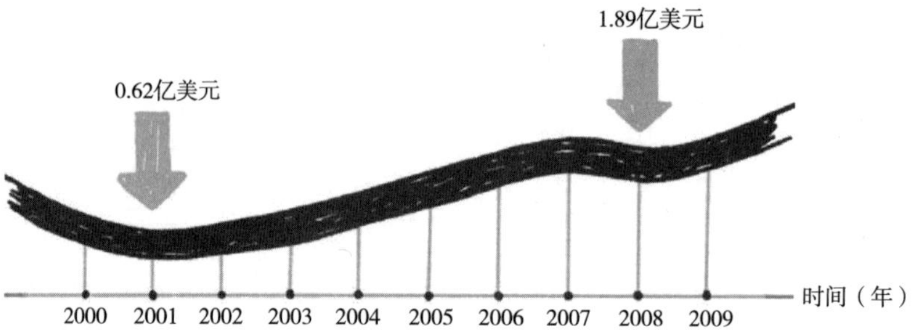

图 5-1　2000—2009 年布鲁克斯的全球营收额

大衰退的逆风

随着那年的夏去秋来，美国的金融系统摇摇欲坠。你可以感受到那种紧张。作为一个前银行业从业者，这引起了我的高度关注。美国的经济就像一台转速过高从而越过警戒线的引擎，很显然，有些东西即将崩溃。随着经济危机的蔓延，每天早上我都会看美国消费者新闻与商业频道（CNBC）的财经论坛（*Squawk Box*）和华尔街直播室（*Squawk on the Street*）等商业新闻节目。

华尔街使人们的债务激增，这些人把房屋净值当作自动提款机，用很少的首付和可疑的收入证明来购买房屋和公寓。这些次级抵押贷款随后被放入抵押贷款支持的有价证券池里，贴上 AAA 评级的标签，在世界各地销售。沃伦·巴菲特将这些抵押贷款池的衍生品担保称为“抵押债务凭证”，即“大规模杀伤性金融武器”。随着家庭债务规模达到创纪录的水平，一个巨大的泡沫正在形成。与此同时，许多金融机构要么破产，要么被挂牌出售，要么沦为金融僵尸。其中包括雷曼兄弟、房地美、美林、美国国际集团、华盛顿互助银行和全美金融公司。整个美国经济都处于不确定时期。货币市场冻结，影响了企业在隔夜市场融资的能力。与此同时，在联邦存款保险公司保护之外的共同基金货币市场项目中，许多个人的储蓄即将被冻结或贬值。美联储迅速采取行动，为这些储蓄账户提供保险，对隔夜贷款予以支持，以稳定银行体系。随着美联储的干预和国会通过了问题资产救助计划，联邦立法授权购买大量抵押贷款支持的证券和债务，“大而不倒”一词应运而生。

即将到来的经济衰退将大幅削减消费者的支出。人们蜷缩起来，想知道他们是否应该把钱埋在后院（也就是说，他们是否可以在家里待足够长的时间来挖一个洞）。

对布鲁克斯来说，来自经济衰退的影响，因跑步领域的意外地震而加剧。

“赤脚跑步”地震

2009年5月5日，记者兼作家克里斯托弗·麦克杜格尔（Christopher

McDougall）[①] 出版了《天生就会跑》（*Born to Run*）。对许多人来说，这本书是关于一个人在山路上自由奔跑的鼓舞人心的故事。这本书引发了由斯科特·尤雷克领导的越野跑和超跑热潮，他是这10年来最杰出的超跑者之一。尤雷克既是《天生就会跑》中的重要角色，也是布鲁克斯赞助的运动员，他帮助我们设计了最畅销的越野跑鞋山岩系列。然而，麦克杜格尔的书讲述了人类进化的故事，描述了我们曾经如何为了生存而长途追捕野生动物，据说，我们是光着脚跑的，而且没有受伤。在300多页的篇幅里，作者描写了塔拉乌马拉人（Tarahumara），即墨西哥铜峡谷（Copper Canyons）的原住民，作为一种文化实践，他们的精英阶层穿着极简主义的凉鞋跑步。受他的跑步伙伴“赤脚泰德”（BarefootTed）的启发，麦克杜格尔提出了一个观点，即在没有现代跑鞋技术的情况下，我们实际上是“为跑步而生”的，而消费市场营销邪恶地欺骗了我们所有人，让我们相信缓冲、稳定性、足弓支撑和其他跑鞋功能是必不可少的。更糟糕的是，麦克杜格尔写道，跑鞋带来了一系列问题。在这本书的主张和书中描述的原始跑步体验的吸引下，跑者带着好奇心争相尝试赤脚跑步和极简主义的鞋子，推动极简主义的跑鞋销量达到专业跑鞋类别的20%。伐柏拉姆（Vibram）的五指鞋开始出现在公路上、比赛中、红毯上以及时尚T台上的名人脚上。

这为整个专业跑鞋行业敲响了警钟。近40年来，布鲁克斯为那些认为自己需要跑鞋的跑者制造了高缓冲跑鞋和稳定跑鞋。我们当时最大

① 克里斯托弗·麦克杜格尔是TED演讲人，《纽约时报》《跑者世界》等刊物的撰稿人。他的《天生就会跑2.0》中文简体字版已由湛庐引进、浙江教育出版社于2022年出版。——编者注

的特许产品，包含了高度工程设计的缓冲泡沫和生物力学设计的高密度对角线滚动条，以满足人们寻求稳定的需求。现在，关于“天生就会跑”的争论正如火如荼进行着。许多品牌像野兔一样冲向赤脚运动。事实上，考虑到行业的成本压力，许多跑者理所当然地怀疑，极简主义跑鞋运动实际上只是为了削减制造鞋子的成本。

对于一家高性能跑步产品制造企业来说，这是一个令人不安的时刻。鞋子真的会导致受伤吗？用户突然想知道，穿跑鞋是不是一件坏事，合适的鞋子是否能提高他们的跑步速度和舒适度，是否可以防止受伤。我们必须深入研究这些问题，找到答案，然后加入这场讨论。

从多年来的用户反馈中我们知道，鞋子确实可以让人们从容跑步，从而“拯救”了他们。我们见证了数百个关于追岚、野兽或上瘾系列如何让人们无痛奔跑的故事。但是关于赤脚跑步和极简主义跑鞋带来的无痛跑步的新故事同样引人注目，也毫无疑问是真实的。它们都是对的吗？

我的直觉告诉我，每家专业跑鞋店都知道，没有两个跑者的脚是完全一样的。然而，我们没有临床研究的真实数据来解决“穿鞋还是不穿鞋”的争论。没有人这样做，包括那些狂热的赤脚跑者。数据并不存在，只有信仰和观点。我们决定从可靠的临床研究中获取数据。毕竟，在人类运动的力学、跑步和正确鞋款的选择方面，应该有一个真理。如果我们不能给出可信的答案，那么整个跑鞋品类就会因为有多个版本的真相而备受质疑。

勇于创新，化危机为机遇

这是布鲁克斯建立行业领导力的分水岭。当整个行业为了迎合用户选择而转向时，布鲁克斯却选择固守于研究、数据、事实和洞察。

赤脚跑步的趋势，为布鲁克斯带来了重新发明高性能跑鞋的机会。那时，赤脚实验造成的伤害和诉讼开始上升，伐柏拉姆因伤害索赔而面临集体诉讼。跑步界正在寻找基于事实的真理和创新。此时的布鲁克斯缺乏一个长远的愿景，或者如吉姆·柯林斯所说的宏伟、惊险乃至鲁莽的目标。我们总是倾向于自我批评，但这无益于解决问题。一天，在一次外部研讨会上，我们把自己的品牌诊断为安全但有点乏味。但就在那次会议上，我们的广告代理机构提出了一个关于思想领导力的挑战。他们放映了一张幻灯片，上面的一段话经常被认为是文化人类学家玛格丽特·米德（Margaret Mead）说的："永远不要怀疑，一小群有思想、有承诺的公民可以改变世界。事实上，这是唯一曾经做到的事情。"

米德说这句话是为了激励我们，这句话确实起了作用，但它也像是给我们下的军令状。我们必须致力于创新，并勇于承担风险。

当时布鲁克斯的两位同事，将在解决跑步时穿鞋还是不穿鞋的问题上发挥关键作用，他们分别是前科罗拉多大学跑步运动员卡森·卡普拉拉（Carson Caprara）和前足球运动员皮特·汉弗莱。

在大学因伤康复期间，卡普拉拉在科罗拉多州博尔德（Boulder）跑步公司的零售业务上摸爬滚打了多年，后来，他又在家乡得克萨斯州奥斯汀的 Run-Tex 公司工作。这两家零售店都参与了专业跑鞋店的创立，跑者聚集在那里，讨论他们的训练和装备中哪些是有效的、哪些是无效的。

加入布鲁克斯之前，汉弗莱曾在锐步的母公司——英国的彭特兰体育公司工作。在那里，他与英超联赛球员合作，提升了自己的技能。卡普拉拉和汉弗莱是一枚硬币的两面。卡普拉拉从深入研究中获得了对跑者的洞察，并将相关哲学融入跑鞋的概念和设计中。汉弗莱则了解生物力学和工程技术，能够按照预期交付突破性的产品。

蓝色火焰思想
RUNNING WITH PURPOSE

就这样，卡普拉拉和汉弗莱将突然出现的“少即是多”的鞋潮重新定义为一场深刻对话。这场对话围绕独特的运动力学和跑者渴望的不同跑步体验展开。这种对每个人的独特动作和理想跑步体验的关注，将成为布鲁克斯未来发展的基础。

随着赤脚跑步的兴起，我们开始设计极简主义的鞋款系列。产品开发进展顺利，但我们不确定如何定位这个系列。以人为本的产品设计公司 IDEO 找到了布鲁克斯。IDEO 最终说服我们聘请它来挖掘跑者的洞察，以定位我们新的极简主义产品线。IDEO 设计的产品无所不包，从高科技医疗设备到第一代苹果鼠标、耐克太阳镜，再到牙刷的柔软手柄。

这笔投资对布鲁克斯来说是大手笔。其关键不仅在于赤脚跑步问题的答案，还在于教会我们的团队如何“钓”出跑者的见解。IDEO 同意将卡普拉拉和布鲁克斯的其他人纳入他们的研究团队。我希望我们的团队向最优秀的人学习，并在整个组织中传播这种心态和方法。

就这样，卡普拉拉加入了位于旧金山湾区的 IDEO 项目团队，他接受了该企业坚持的原则，即设计师必须从共情中学习。IDEO 尽其所能去消除研究中的偏见。一天下午，卡普拉拉在路过 IDEO 的一间会议室时停顿了一下，他注意到白板上的几个潦草字迹：“跑者感到自己与购买跑鞋这件事脱节了。”

跑鞋专卖店零售商会仔细检查每一双鞋子，找出它们的缺陷。如果鞋子太大或太小，或者上脚后弯曲度不当，他们就会把鞋子直接退回制造商。可以说，没有人比跑鞋专卖店更能代表跑者的利益了。

然而，卡普拉拉和 IDEO 发现，跑者会觉得自己准备不足，因此很容易受到来自朋友、教练、杂志或任何碰巧出现在专卖店的人提供的建议的影响。跑者渴望的是，将他们个人的生物力学标准转化为自己想要的合适跑鞋的独立研究。

灵感突然来了。卡普拉拉领悟到，想要在跑步中感受到轻盈的跑者和想要感受跑步的跑者之间的区别。“我想远离地面，而不想感觉到脚下有东西”，或者“我想贴近地面，专注于脚下的地形”。我们的用户告诉我们，跑步时鞋子在脚上的感觉对他们来说最重要。

于是，我们的产品组合方法诞生了：轻盈和脚感。

致力于生物力学研究，成为行业意见领袖

回到布鲁克斯总部后，我们仔细研究了数据，从中提炼出真知灼见，并制订了一个计划。我对《天生就会跑》所创造的对话感到震惊，因为“赤脚跑步”的说法背后没有任何真正的临床研究。在以研究为基础的思想领导力的真空中，我们挺身而出。我们决定大力投入对人体运动、跑步和损伤力学的研究。我们与两所世界一流大学的研究项目合作，并资助临床研究。进而，我们将致力于在最新的生物力学研究、技术和分析的基础上打造我们的产品。

这一做法的第一个表达形式，是我向世界各地的跑者和我们的行业发布了一封公开信。是的，布鲁克斯站了出来，勇敢地独自面对“赤脚跑步”现象。

RUNNING WITH PURPOSE

致跑步社群的一封信

对我们很多人来说，跑步是生活中不可分割的一部分——我们需要它。当我们跑步时，我们会改善健康、缓解压力、实

现个人目标、参与竞争、募集资金、享受乐趣。在任何一个周末，看看全球任何一个城市的跑步赛事，你都会受到不同年龄、不同速度、不同动机和不同目标的跑者的鼓舞——每个人都有自己的故事。在布鲁克斯，激发每个人奔跑并保持激情是我们存在的理由。

鉴于人们对跑步这项运动的热情，我们很容易理解为什么关于跑步的一切都被积极地研究、批评、辩论和质疑，包括鞋子。人们力争跑得更快、更长、更健康、更高效，每一英里都不会受伤，他们一直指望着他们的跑鞋能实现这些目标。但最近，很多人发出质疑，他们认为赤脚跑步会更好，所以我们觉得，是时候让布鲁克斯加入这场公众对话了。

直言不讳地说，我们生产的高品质、符合生物力学的高性能跑鞋，是专为跑者的独特需求而设计的。我们希望跑者购买我们的鞋子，我们相信他们会喜欢。但这和卖鞋无关，坦率地说，这甚至与赤脚跑步无关。

那么，我们在这里谈论什么？答案是“跑步”，这是一件很棒的事情，因为我们坚信跑步是世界上的一种积极力量。我们希望每个人都能跑步并快乐。但为了达到目的，是否要赤脚跑步并不应该成为争论的焦点。我们都是独一无二的。重点应当放在你如何跑步和训练，然后找到适合你独特生物力学需求的鞋子。正如布鲁克斯所宣扬的，让每一步都完美驾驭。我们来看一下跑步人群的快照：

在谱系的一端，我们知道，有些跑者的足部力量不足导致了严重的内旋。他们落地很沉重，需要强大的支持才能无伤无痛地奔跑。我们反复听他们说，布鲁克斯野兽系列跑鞋“救了他们的命”。而谱系的另一端，则是那些生物力学上（或通过训练具备优越条件）的幸运儿，他们有天然健康的步态，并享有极高的效率。这些幸运的跑者可能穿鞋，也可能不穿鞋。

而绝大多数跑者（包括中间水平的人）介于两者之间。我们坚信，跑者的大部分里程应该穿着高性能跑鞋来完成，而不是光脚；具有支撑性、缓冲性的鞋子不仅有助于跑步，而且在提供舒适、无伤病的跑步体验方面发挥着重要作用。

这封公开信为布鲁克斯创造了一个成为意见领袖的时刻。它引起了人们对一个理论更为深入的关注，这是一个经过仔细研究和激烈辩论的有关跑鞋设计生物力学方面的案例。我们指出，没有确凿的证据表明赤脚或以极简的方式跑步可以减少受伤，或者穿着跑鞋跑步会导致跑者受伤。数据清楚地表明，长期以来，膝盖损伤在跑者中最为普遍。这一事实让我们从过度关注踝关节和过度内旋转向膝盖和动作，如胫骨内旋转和膝盖外展或内收。我们发现，跑步时身体的首要任务是保持膝盖稳定，并在其首选的运动路径中移动。因此，不能孤立地看待脚和踝关节的运动，事实上，它可能有利于保持膝关节的稳定。这是对传统思维观念的一个重大转变，即所有脚的过度内旋都是一件糟糕的事。

我们正在系统地建立一个世界级的研究和开发组织，其中包括与世界顶级学术机构和生物力学家的合作。我们的承诺是找到关于上半身运动、脚步模式、步态、身体质量和脚形之间组合的真相，换句话说，就是你应该如何跑步。这些因素都很重要，就像一个人的签名一样，每个跑者拥有的这些要素组合都是不同的。这使我们能够评估你的运动方式，然后制作出能让你保持习惯运动轨迹的鞋子，这是对你的关节最友好的自然运动。因此，加大对生物力学的投资对用户和我们的行业都有好处。

我们的穿着磨损测试数据库中有 10 万名跑者的测试数据。从原型鞋到最终的样品鞋，我们通过观察、定性访谈，以及机器、跑步机、现场和比赛选手的阅读数据来收集反馈意见。对于接下来的现场测试，我们通常会对每种新款式进行三轮穿着磨损测试。每一轮测试都要对样鞋做微调，以达到理想的舒适度、触感和操控状况。每轮样鞋被运送给 20～32 名跑者。样鞋测试者要穿着样鞋达到我们规定的最少的英里数，然后在规定的测试期间回答三次可靠的调查。

我们从样鞋测试者那里得到了诚实而多面的反馈。他们了解鞋子，甚至能察觉出最细微的瑕疵。在我们的产品开发周期中，测试程序既昂贵又耗时，但这是提供一致的舒适度、触感和穿着体验的唯一方式。许多顾问和财务专家看到这个项目后，都非常希望取消它以提升“效率”。但是，在提供跑者所期望的持续舒适性方面，这个环节已经成为我们的一个基本竞争优势。

在布鲁克斯任职的早期，实验室测试对我非常重要。我们决定将实验室引入布鲁克斯内部，以便在产品团队中创建更多的实践、共享和学习机会。我们买来第一台跑步机时，只能把它放在复印机室里。我们认真研究生物力学，最终创建了一个最先进的跑步实验室。我们请来顶尖的研究人员来研究每个跑者的“签名”，也就是由他们身体的习惯性运动路径所决定的个人独特的跑步姿势。

蓝色火焰思想
RUNNING WITH PURPOSE

现代跑鞋的任务应该是帮助跑者在任何时候都保持在他们独特的运动轨迹内。我们痴迷于跑步的每一个参数，但最重要的是内旋及鞋对骨骼、肌腱和韧带的影响。我们希望跑鞋能匹配跑者，而不是跑者搭配跑鞋。我们的观点是，每个人都有一个自然习惯性关节运动模式，这是对你身体阻力最小的路径。我们的工作是做出适合你的鞋，而不是别人的。我们制造的鞋子可以帮助你坚持跑在自己的道路上。

每个跑者都拥有独一无二的“跑步签名”

事实上，这些研发投资的结果是如此重要，从而使我们持续在跑步界建立起意见领袖的影响力。布鲁克斯发表了一篇颇具争议的论文，详细阐述了“跑步签名”的哲学，并在整个行业广为流传。“跑步签名”虽然是一种革命性的观点，但它是基于多年科学研究的成果。杨百翰大学的生物力学家伊恩·亨特（Iain Hunter）研究了在俄勒冈大学举行的

2012 年奥运会团体选拔赛中，参加 10 千米决赛的 24 名选手的运动轨迹。他在赛道一侧放置了一台高速摄像机来捕捉这些运动轨迹，然后对它们逐个进行分析。你可能认为，这些精英级别的跑者有相似的跑步姿态，因为他们都被证明有能力在相差不到 1 分钟的时间内跑完 10 千米。但事实并非如此。每个跑者都以独特的方式触地。就像指纹，每个跑者都拥有他自己的步幅。

“跑步签名”成为我们定义每个跑者最佳形态和运动的新基线或新起点。我们的研究使我们相信，减少伤害、提高舒适度和提高成绩的答案不是修复跑者的“缺陷”，而是利用关节自然的和高度个性化的运动路径。因此，重点就变成让跑者在跑步过程中，尽可能长时间地奔跑在阻力最小的路径上。诸如鞋的几何形状、中底硬度或过度稳定技术等干扰因素，可能会使一些跑者偏离他们喜欢的运动路径。现代跑鞋的任务应该是帮助跑者在任何时候都保持在他们独特的运动通道内。通过保持这些习惯性的运动模式，使跑鞋与跑者身体想要的运动方式相协调，这样，跑者就可以优化肌肉活动和关节运动，从而减少疲劳和身体崩溃情况的发生。

在整个研究过程中，卡普拉拉、汉弗莱和他们的团队从个人层面上去了解跑者。洞察无处不在。他们不是先生产出他们认为人们想要的鞋子，然后销售并检验它是否可行，而是将这些洞察纳入跑鞋设计的每个阶段。他们的方法是：我们如何为跑者确定适合跑步的范围，然后将其扩展为一个特许经营模式。

这是杨百翰大学生物力学实验室的伊恩·亨特博士在 2012 年美国奥运选拔赛中捕捉到的男子 10 千米选手的落地足迹。就像签名或指纹一样，每个跑者都会在跑道上留下他或她的个性印记。这些发现印证了布鲁克斯的“跑步签名”哲学，即唯一“正确”的跑步方式是你的身体自然想要的运动方式。

资料来源：Iain Hunter。

为了取得成功，我们计算出需要 1 000 万美元的投资。这意味着，我必须让鲜果布衣的老板相信我们是对的。我们到老板那里宣讲了观点：将利润计划缩减一半，并投入营销资金，以确保未来为跑者和跑步做正确的事情。

2011 年 10 月，布鲁克斯推出了 PureProject 系列，这是一款轻便的跑鞋，具有袜子般的触感，满足了那些受赤脚跑步理念启发，但现在对自己的生物力学结构更为了解的跑者的需求。该系列由四种风格组成，也被统一归为极简主义风格，但它们还是能给你想要的在小径、砾石路甚至柏油路上跑步时的支撑。布鲁克斯首次推出的这些极简风格跑鞋，还满足了一些跑者对跑步体验的渴望：一种贴近地面、更真实的驾驭感。PureProject 系列跑鞋的设计理念是，赤脚现象其实与鞋子无关，而是一种贴近地面的“感觉”体验。

在生物力学研究方面的投资，使我们比那些只追求赤脚感觉的品牌更具竞争优势。我们能更好地理解跑者当时的需求和期望，从而在产品线开发方面领先其他品牌 3 ～ 6 个月。随着 PureProject 系列的推出，布鲁克斯很快在极简跑鞋类别中占据了 33% 的市场份额。

行业刊物《跑步洞察》（*Running Insight*）援引了我的话：“如果你想以‘少即是多’的哲学来生活，我可以理解。但谈到专业高性能产品时，‘少即是多’的想法绝对是无稽之谈。”在日常跑步或长跑这样重要的事情上，“少即是多”的断言是完全错误的。我们与跑者正在产生共鸣，这些话是我几年前不可能说出口的。

我们在挖掘和融合生物力学数据及跑者反馈方面的能力，推动了布鲁克斯现有鞋类产品线中其他鞋子的改进。我们改进了幽灵系列。关于这一系列，《跑者世界》的测试编辑阿曼达·富勒（Amanda Furrer）写道：“穿着它，我可以诗意盎然地丝滑奔跑。”这就是 2020 年幽灵系列被该杂志授予了第 11 届编辑选择奖的原因。

蓝色火焰思想 RUNNING WITH PURPOSE

我们不只是在管理，而是正在创造一个企业或品牌。我们通过测试、测试、再测试，来挑战产品的极限，包括我们自己的设想，并且乐在其中。当时的一位记者写道：“布鲁克斯非常严肃、认真地对待跑鞋，且这并不影响它享受快乐。”

布鲁克斯的战斗呐喊：快乐奔跑

当我来到布鲁克斯时，这家企业有一种独特的描述其文化的方式，它的口号“快乐奔跑”（Run Happy）就体现了这一点。它适合这群快乐的跑者，他们努力工作，努力跑步，享受旅程，并庆祝跑步后的成果。

其实这个口号要深刻得多。“快乐奔跑”庆祝跑步给你的生活带来了积极疗愈。它总是给你的生活带来些什么，否则你就不会在第二天或下个星期依然跑步。在那座山中或糟糕的日子里，你不会总是感到快乐，但是跑完之后，你会享受到跑步的快感，而不管这对你来说具体意味着什么。

我们当时发表的一份宣言也许最能表达“快乐奔跑”的内涵。

RUNNING WITH PURPOSE

“快乐奔跑”宣言

我们所拥有的一切和我们所珍视的一切都可以用四个字来概括：快乐奔跑。当我们说“快乐奔跑”时，真正的意思是什么？什么是“快乐奔跑”?

“快乐奔跑”不仅仅是一句宣传词、一个市场定位或一句口号。

“快乐奔跑”是跑步体验的情感核心。

“快乐奔跑”是一种感觉、一种态度、一种精神，它存在于所有跑者内心和思想中——无论是年轻还是年老、快速还是慢速、男性还是女性、高手抑或新手。

“快乐奔跑”是每个跑者对跑步的深沉而又意味深长的爱。

正因如此，“快乐奔跑”带给人的感受是有力的、彼此关联的、激情的、赋能的、快速的、平静的、欣喜若狂的、坚定的、自由的、势不可当的。

“快乐奔跑”就像是超过前面的跑者、感受内心深处的触动、和素未谋面的陌生人击掌庆祝、在你最喜欢的小径上欣赏第一缕晨光。

“快乐奔跑”是跑者一天中最美好的部分，它让我们明白，在跑步中最糟糕的一天也比在办公室里最好的一天要快乐。

当我们敲下“快乐奔跑”这几个字时，是庆祝这件我们和所有跑者都热爱的事情。

“快乐奔跑”这句话提醒了各地的跑者，为什么他们会如此热爱跑步。

这就是为什么“快乐奔跑”是我们的战斗口号、我们插在阵地上的旗帜、我们的矛尖。

这就是“快乐奔跑”的真谛，也是布鲁克斯的企业文化。

如果你曾经参加过或观察过摇滚马拉松，你就知道快乐的跑步是什么样的。摇滚马拉松于1998年在圣地亚哥成立，在世界各地的城市提供全程和半程马拉松赛事服务。这项赛事吸引了许多第一次参赛的人。这是最原始的节日跑步。一路上，选手们在现场乐队和以摇滚为主题的补水站的招待下，在派对般的氛围中进行比赛。终点处甚至还有一场现场音乐会。

2009年参加Fleet Feet大会时，我得知摇滚马拉松系列赛事的鞋类赞助商新百伦即将退出。这是一个千载难逢的机会。在摇滚马拉松的50万名参赛者中，约有40%的人是第一次参加比赛。想象一下，赛场上满是充满激情的新跑者，他们将永远记住为之训练了数月的难忘经历。作为一个品牌，我们可以以积极的方式呈现，并与跑者的这些记忆联系在一起。最终，我们抓住了这个机会，并于2009年9月宣布与摇滚马拉松签订了一份多年协议。在随后的新闻报道中，我的兴奋之情溢于言表。我告诉记者，我们迫不及待地想和这么多热情的、鼓舞人心的跑者一起跑步，并支持他们跑得更久、更远、更快的雄心壮志。

摇滚马拉松给了我们加速表达布鲁克斯“快乐奔跑”精神的有利机会。这不仅仅是一次比赛赞助——我们写一张支票来张贴横幅就可以了，从报名、领取参赛物资、博览会到比赛，我们会抓住每一个机会来激活和吸引跑者。当竞争品牌在经济衰退和赤脚运动中退缩时，我们变得更大、更响亮、更自豪。这些赛事将成为戴夫·拉尔森（Dave Larson）的画布，作为布鲁克斯的营销副总裁，他将以只有布鲁克斯才能做到的方式，为成千上万的跑者带来“快乐奔跑”。

布鲁克斯的展位成为摇滚马拉松展厅内必看的地方。有一年，我们搭建了一个类似 19 世纪林林兄弟和巴纳姆贝利马戏团的舞台，并配有一名老式的游乐场卖艺人。我们称其为“奇物之旅”。其中一个奇闻是一个关于“蛇怪蜥蜴”的短剧，一个穿着像爬行动物的人扮演蛇怪蜥蜴，跑过一片水域表面。在这个舞台的中间，我们制作了一大桶以玉米淀粉为基础的液体，来模仿布鲁克斯的 DNA 中底技术，这种技术在物理属性上是非牛顿力学的。

对布鲁克斯来说，DNA 是一项真正的突破性技术，至今仍适用于我们的所有鞋款之中。当受到外力挤压时，DNA 中底材料在分子水平上瞬间变硬，这样跑者就可以在坚实的表面上，从脚跟着地到脚趾离地的推进过程中平稳过渡。如果鞋底太软，跑者就像在枕头或沙滩上跑步，你会失去速度。DNA 让布鲁克斯的鞋子在商店里有一种柔软的第一触感，减弱了脚跟着地时的冲击力，然后变硬，以创造推动下一步的基础。它在分子水平上是高度工程化的，是一个跑步专用的中底，是跑鞋的引擎、底盘和传动装置。跑者可以充分感受到它。

蛇怪蜥蜴（和人群里的志愿者）跑过我们富有弹性的玉米淀粉层（另一种非牛顿力学材料），赢得了跑者及其家人的欢呼。我们的展位还包括游戏、算命师，以及众多可供选择的产品。我们的展位上甚至还有一辆被我们改装后的旧巴士，车内设有分区，向观众普及装备科技、跑者伤病知识和布鲁克斯的历史。在不参加摇滚马拉松的时候，我们带着这辆布鲁克斯的“奇物之旅”巴士在全美巡回展出，去往跑鞋专卖店与跑者进行互动交流。

在赛事和我们的大部分营销活动中，我们把这种做法称为“寓教于乐”：广告＋教育＋娱乐。这在我们的行业中是独一无二的。活动中，布鲁克斯与许多跑者产生了强烈的共鸣，尤其是那些觉得跑步很难或对其望而生畏的人。在此过程中，布鲁克斯也给大多数人留下了积极的品牌印象。

我们还建造了另一个马拉松博览会展台，它看起来像一大碗意大利面，这是跑者最喜欢的一种食物。在芝加哥马拉松比赛中，我们首次推出了一个名为“布鲁克斯跑步运动员支持医院”的展台。在这个展台中，我们提供步态分析，谈论生物力学和跑鞋技术，帮助跑者试穿装备，并回答他们关于训练和比赛计划的任何问题。可能他们也能够从博览会上的其他品牌那里得到相同的信息，但我们以一种有趣、受欢迎和欢庆的方式来包装这一切。虽然布鲁克斯不是这次活动的冠名赞助商，但博览会参与者调查显示，布鲁克斯是令他们印象最深刻的品牌。整个体验表明，“快乐奔跑”和布鲁克斯都在认真对待我们的产品，而不是自说自话。

高性能产品 + 快乐奔跑 =10 亿美元的目标

我仍然相信，布鲁克斯能在高性能跑鞋方面挖掘出很大的机会。此外，我们的“快乐奔跑”定位是新颖和独特的。考虑到这个品类的规模，我们给自己设定了一个 10 亿美元的目标。我确信，布鲁克斯可以成为下一个达成年营收额 10 亿美元的跑鞋品牌。我还强烈地感觉到，必须唤醒整个行业，包括最有影响力的零售商，让它们将布鲁克斯视为一个品牌，而不仅仅是几款好鞋的制造商。布鲁克斯的传播总监塔玛拉·希尔斯（Tamara Hills）和我决定在一次新闻巡展中宣布布鲁克斯的潜在价值。我们做了一份关于布鲁克斯有机会在 2020 年“领跑跑步运动”的战略演示，但我们忘记了事先通知企业内部的高管，我们计划用“B”来量化我们的愿景。2010 年春天，在两天的时间里，我们向媒体、零售商和有影响力的人士介绍了这个 10 亿美元的愿景。

发布会是在纽约市勒诺克斯山上的一座豪华住宅中举行的。业主为我们免费提供了这个空间，因为他们希望将住宅与健康、养生结合起来。该建筑的健身房允许卡普拉拉和团队展示我们的“跑步签名”方法，并为与会者进行步态分析。哥伦比亚广播公司、《健身》（*Fitness*）、《好管家》(*Good Householding*)、《男人杂志》(*Men's Journal*)、《青少年时尚》(*Teen Vogue*)等数十家媒体对我们的发布会进行了报道。之后，头条新闻开始爆炸式出现:《布鲁克斯奔向10亿!》《奔跑吧！宝贝》……《纽约时报》发表文章称，通过将乐趣融入跑步，兼具创造性和包容性的营销已经超越了布鲁克斯的核心受众群。随着媒体的传播，我很高兴我们执行了一场非常公开的市场信号发布活动，将布鲁克斯的旗帜牢牢地插在高性能跑鞋领域中，并以一种独特的方式与跑者互动。

然而，回到办公室后，我听到了团队严重的担忧。

“10亿美元？他疯了吗？”

现在回想起来，我应该事先告诉管理团队，我将公开宣布布鲁克斯10亿美元营收额的愿景。但当震惊逐渐消退，新闻报道逐渐平息下来后，我的团队意识到，这一愿景与布鲁克斯的核心优势是一致的。虽然跑步是属于每个跑者独特的、深刻的个人体验，但我们有一个共同的商业理念，那就是“享受跑步”。我的公开声明只是我们已经在玩的游戏的一个结果。我们参与这个游戏的目的就是要赢。我想让全世界都知道我们在全力以赴，他们应该对我们有更多的期待。

这不是我第一次和希尔斯合作，之前我们多次在企业内部和高管沟通方面进行合作。就在几个月前，当她休完产假回到工作岗位时，她帮我起草了致跑者的公开信和“跑步签名”白皮书。希尔斯是一位沟通专家、跑者和资深员工，她是帮助我们表达和深化“快乐奔跑”意义的完美人选。我需要她的帮助。

从本质上讲，“快乐奔跑”一直都是一种对自己而不是对别人的跑步的庆祝，这无关你是第一次跑步，还是刚刚在第 30 场马拉松比赛中创造了新的个人纪录。

在这段时间的焦点小组中，我们询问参与者为什么跑步。一位独自抚养两个十几岁儿子的职场女性告诉我们：“每天跑步是我送给自己的礼物。”我永远不会忘记她的回答是如此清晰有力。跑步在她的生活中扮演了重要的角色，而布鲁克斯有机会帮助她坚持这条路。

蓝色火焰思想 RUNNING WITH PURPOSE

我们的“快乐奔跑”承诺尊重和庆祝吸引每位跑者跑步的因素，然后帮助他们在下次奔跑时做得更好。这是一种灵感，让你每天都能找到最好的“快乐奔跑”，而不仅仅是斩金夺银、登上领奖台。我们用这种能量战胜大品牌，并相信这是我们在这个领域取得成功的差异化因素。

为了精确定位我们在用户心目中的位置（以及我们想要到达的位置），我们致力于绘制布鲁克斯有别于其他品牌的独特定位（见图 5–2）。最初，它更多的是一个理性的产品分析，横轴上是休闲和技术、真实，纵轴上是优质和价值。布鲁克斯的使命是深耕右上象限：优质的技术和真实。

通过重新聚焦的镜头，我们绘制了一个新的框架（见图 5–3）。这一次，我们衡量品牌的属性是“严肃与有趣、充满活力”和“真实与生活方式”。我们想在右上象限中独善其身：最好的产品加上一个包容的、能够引发跑者有趣和真实共鸣的品牌。

蓝色火焰思想
RUNNING WITH PURPOSE

要成为一个真正的、深受喜爱的品牌，我们需要超越与用户的理性联系。我坚信，伟大的品牌在理性和情感层面上都能与用户的头脑和心灵相连接。

在大多数品类，特别是在高性能跑步装备中，产品的购买是基于个人需求的理性水平。如果产品有效，信任会随之而来。但当跑者选择穿着某个品牌进而忠诚于它时，你就知道他们已经超越了理性的信任，进入了感性的依恋。他们穿着特定的品牌，不仅仅是因为它有效，而是因为它向世界表明了他们是谁。他们可能会分享品牌的价值观，或者这个品牌会激发他们的积极情绪，而这些情绪会触发他们去做他们想做的事情，比如跑步。

布鲁克斯的高性能产品、文化和品牌中具有这种内在张力。我们经常认为，最适合我们品牌的原型是智者和小丑。为你的大脑提供世界上最好的高性能产品，为你的心灵庆祝你从伟大的跑步中获得的正能量，这就是“快乐奔跑”。

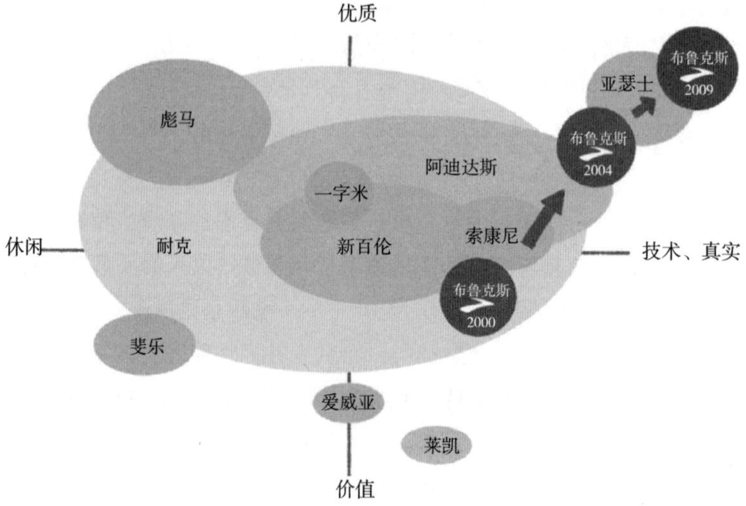

图 5-2　布鲁克斯的品牌定位

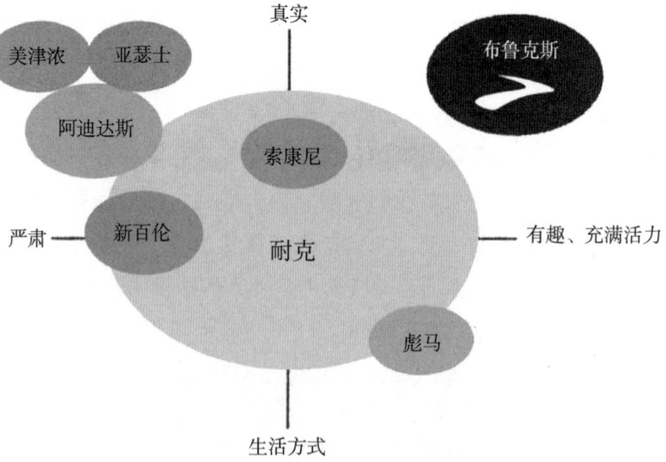

图 5-3　布鲁克斯的新品牌定位

成为专业跑步渠道市场份额第一品牌

布鲁克斯的“快乐奔跑”定位出现在2012年美国奥运田径队选拔赛上，该赛事在俄勒冈大学尤金分校举行。这里是传奇人物史蒂夫·普利方丹（Steve Prefontaine）的主场，也因其与耐克及其创始人的密切关系而闻名。

当时，布鲁克斯邀请了几十名最亲密的零售伙伴加入我们的选拔赛。我们租了一间房屋用来住宿，聘请了一个厨师，并计划了一些活动，包括每天早上的趣味跑步聚会。

在前往俄勒冈大学尤金分校之前，我们的销售和营销团队提出了一个想法：在比赛期间，用一架小型螺旋桨飞机在海沃德球场上空悬挂“快乐奔跑”的旗帜，为运动员们加油。当然，耐克对选拔赛的赞助有严格规定，其中包括与美国田径协会签订的长达27年的协议，但它并不拥有领空权益。周六早上，专卖店销售主管里克·威廉（Rick Wilhelm）、体育营销主管杰西·威廉姆斯（Jesse Williams）和我起床后，就一同带着我们的客人去现场观看比赛。我们通过安检后，在座无虚席的体育场找到了自己的座位。然后，我们开始观看美国奔跑速度最快的运动员争夺2012年伦敦奥运会的参赛名额。在一个阳光明媚的日子里，看到飞机和我们的横幅在体育场上空盘旋，那种感觉真是太棒了。

这也引起了耐克的注意。我们注意到，田径场附近有很多人围在一起，其中，一个耐克的营销人员正和美国田径队的营销总监耳语着。

耐克显然对我们的此举感到不满。那位营销总监大步走上看台，对我们大喊："我说过，在选拔赛中不要有伏击式营销！"那天晚上，我们详细地讨论了第二天要不要再让飞机飞行。我们通过飞行员向美国联邦航空局进行了确认，这一切都是合法的。我们甚至从美国田径队官员那里得到了非正式反馈，他们鼓励我们继续飞行。

关于是否应该继续用"快乐奔跑"的口号为运动员加油鼓劲，结论毫无疑问——当然是！

因此，周日我们再次这样做了。这一次，另一架飞机（我猜是耐克的）也飞到了海沃德田径场上空，并成功地把我们的飞机和"快乐奔跑"的横幅推到了离比赛更远的地方。耐克的营销总监再次联合耐克的工作人员与安全人员进行了更加激烈的讨论，这次他们要求我们布鲁克斯所有人离开现场。由于我们已经为门票支付了全价，因此我们询问了离开的原因和依据。答案就在票的背面。这些票只是"出席许可证"，因此可以在任何时间以任何理由被撤销。于是，它们被撤销了。

威廉、威廉姆斯和我自愿离开，这样我们的客人就可以留下来享受比赛。我们走到啤酒花园，远远地观看剩下的比赛。

在俄勒冈州大学海沃德田径场举行的2012年伦敦奥运会美国田径团体选拔赛上，布鲁克斯租用了一架螺旋桨飞机，向参赛者和球迷打出“快乐奔跑”的横幅。
资料来源：Jess Lyons

我们已经激怒了耐克这一强大的对手。

由“跑步签名”和洞察力研究提供的体验驱动型产品设计的转折点，加上我们“快乐奔跑”的品牌定位，在接下来的几年里，布鲁克斯实现了惊人的增长（见图5–4）。我们成为跑步领域增长最快的品牌，并于2010年11月超过亚瑟士，成为专业跑步渠道市场份额第一的品牌，这是我们在9年前设定的远大目标。如果你不能在像Fleet Feet、Super Jock'n Jill、Gazelle Sports、Luke's Locker、Playmakers、Pacers、RunN Fun、Marathon Sports和Road Runner这样的专业跑步商店中处于领先地位，那么你将永远无法在跑步界处于领先地位。通过为我们的品牌增加新的跑者，我们在美国的鞋类业务于5年内增长了两倍。

“庆祝里程碑”活动是我们企业文化中的一部分。在得知我们超越亚瑟士的那天早上，我们把员工聚集在餐厅，告诉大家尽快结束手头上的工作，并邀请他们到企业总部附近、西雅图郊外的红钩啤酒厂见面，我们在那里度过了整整一天，共同庆祝我们取得的成就。

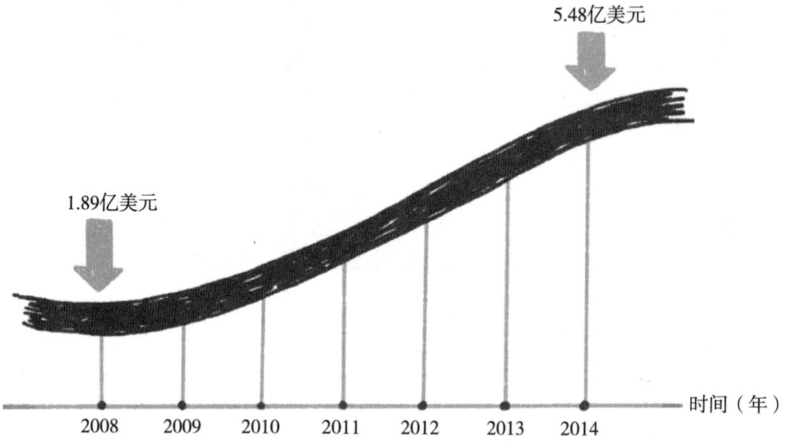

图 5-4 2008—2014 年布鲁克斯的全球营收额

我们已经走了很远。随着企业的发展，当时，布鲁克斯位于华盛顿博塞尔的总部空间已经不够用，我们的租约也即将到期。《纽约时报》的一名记者写道，布鲁克斯“不断壮大的设计师、产品经理、客户服务代表和营销大师队伍，需要一个更宽敞的工作场所”。是的，是时候为布鲁克斯找个新家了。于是，我们开始寻找新的总部地点。

总体而言，西雅图市场被华盛顿湖一分为二，形成了当地人所说的东区和西区。布鲁克斯的员工大多住在华盛顿湖的四周。我很快发现，当谈到首选的办公地点时，员工总是会根据自己的住址投票，所以我知道必须由我亲自做出这个决定。这时，塔玛拉·希尔斯已经转换了角色，在我的办公室里和我一起工作。我让她参与的第一个特别项目就是管理全球总部办公地点的搜寻工作。我们考虑了 40 多个地方，在独自跑步时，我仔细权衡了各种选择。最后，我选择了位于西雅图市中心北部的联合湖岸边风景优美的伯克 - 吉尔曼步道旁的一处地点。伯克 - 吉尔曼步道是一条 27 英里长的铁道旁小径，连接了城市东西两侧。

当时，那里并没有实际的建筑物，只有一个破旧的地面停车场，旁边是一个城市垃圾场。然而，我可以预见，我们有机会吸引成千上万的跑者每天在这条伯克 - 吉尔曼步道上跑步，并与他们进行互动，我希望能激发出他们的跑步热情。IDEO 最初的研究表明，拥有一家可以与跑者互动的商店是正确的，而这家商店就坐落在这条步道上。它还为布鲁克斯招聘人才提供了一个充满吸引力的场景。

最终，我在一堆泥土上签署了一份协议，并梦想着在西雅图树立我们的品牌旗帜，继续壮大我们的团队。我们的新大楼将采用深绿色标准，并在可持续方面超过能源与环境设计领先的白金认证，这对我们的员工和客户都很重要。我们认为，布鲁克斯应该跻身西雅图地区一众强大、创新的品牌（包括亚马逊、微软、安伊艾、阿拉斯加航空公司、波音和星巴克）之中，并被人们所熟知和尊重。我们有机会作为西雅图的跑步品牌出现在地图上。

2013 年 2 月，就在新大楼奠基一两个星期后，布鲁克斯的员工组织了一次 18 英里的接力赛，从我们在博塞尔的前总部到煤气厂公园，中间要经过伯克 - 吉尔曼步道，距离我们的新全球总部只有 ¼ 英里，那里有一家旗舰零售店 Brooks Trail-head。我告诉参加这次活动的每个人，跑得快慢、远近都不重要，快乐地奔跑最重要。他们做到了。这是一场充满欢声笑语、符合我们企业文化的比赛。我们的接力棒是西雅图太空针塔的迷你复制品。我们聚集在公园的终点处，站在一个巨大的比赛活动充气装置下面，这个标志性的地标就在眼前。

2014 年是布鲁克斯品牌成立 100 周年，那一年 5 月，我们邀请了零售商、行业合作伙伴、媒体和其他重要嘉宾来到西雅图，参加了一场研讨会、一场有趣的接力赛以及一场精彩的派对。《跑者世界》的主编大卫·威利（David Willey）告诉《西雅图时报》（*Seattle Times*）："跑者可以信任布鲁克斯，在经历了所有起起落落之后还能走到现在这个位置，这是对他们产品最好的证明。"

蓝色火焰思想 RUNNING WITH PURPOSE

那一年，布鲁克斯的营收额超过了 5 亿美元。但我了解到，要成为一个价值 10 亿美元的品牌，需要在我的领导力宣言中加入第 6 条领导原则：

1. 拥有一个利基市场：进入一个细分市场，同时，通过不断增长业务并持续提供优质利润来追求卓越。

2. 打造"护城河"：创建一个独特的、可防御的品牌主张。从用户那里获得的信用（以全价）是衡量其实力的标准，也是企业可持续成功的必要条件。

3. 拥有盈利能力：应将盈利纳入自己的商业模式。如果成功，它可以创造一个投资飞轮来加强你的护城河。

4. 没有执行力的愿景是海市蜃楼：如果没有行动的支持，梦想和计划就毫无意义。

5. 真诚地领导：专注、好奇和信任是与人沟通的基础。要以尊重、正直和谦逊的态度对待别人。

6. 终极优势是强大的文化。

我们正朝着这个10亿美元的愿景迈进。我们对专注于跑步的执着经受住了经济大衰退的逆风和赤脚跑步地震的余震。

在这些跌宕起伏中，布鲁克斯经受住了股东的检验。我们成为伯克希尔家族的一员，而布鲁克斯也很快就收获了自己最大的粉丝之一——沃伦·巴菲特。他将见证一个重新焕发活力的品牌强势崛起。

RUNNING WITH PURPOSE

第二部分

成为伯克希尔的直属子公司

06

来自奥马哈先知的邀请

RUNNING WITH PURPOSE

你迷失自我，你再次出现
你忽然发现，你无所畏惧

♫ 鲍勃·迪伦，《我很好（我只是在流血）》
It's Alright，Ma (I'm Only Bleeding)

不要跟我说，知足常乐啦

♫ 平克·弗洛伊德，《金钱》*Money*

06
来自奥马哈先知的邀请

2012年元旦刚过，假期结束后，我回到了办公室，发现了沃伦·巴菲特的语音邮件。他说他有一个想法，想跟我商量一下。整个假期我都在使用电子邮件，我为自己没有检查语音邮件而深感自责。我竟然让沃伦·巴菲特的语音邮件整整搁置了5天！我立即给巴菲特回了电话。巴菲特想知道，布鲁克斯与伯克希尔的子公司鲜果布衣之间的整合程度。

“你们在多大程度上依赖鲜果布衣？你们是否共享服务或系统？”

正如他所怀疑的，答案是，整合程度并不高。除了法律和保险，布鲁克斯是独立的。事实上，鲜果布衣可能视我们为西雅图的“疯狂大叔”。在我看来，伯克希尔拥有财富500强企业中独一无二的商业模式和文化。它是一家保险企业，其投资组合中，既有完全自有的业务，也有部分自有的业务。众所周知，伯克希尔会买下一家企业，让它完全独立运营。

沃伦·巴菲特、查理·芒格和25名伯克希尔员工真正相信，自主经营和去中心化是随着时间的推移，企业实现价值最大化的重要途径。作为罗素运动的一员，布鲁克斯低于巴菲特直接管理的企业两个级别，但我们的业绩还是引起了他的注意。

伯克希尔的观察者、《超越巴菲特的伯克希尔》(*Berkshire Beyond Buffett*)一书的作者劳伦斯·A. 坎宁安(Lawrence A.Cunningham)写道：根据经验，鞋企的估值是其销售额的两倍。这使得布鲁克斯的价值，相当于伯克希尔收购罗素运动和鲜果布衣时的股份价值。

电话中，巴菲特告诉我，他一直在考虑让布鲁克斯成为伯克希尔直接管理的子公司。他认为，鲜果布衣需要专注于服装的发展，而布鲁克斯有机会作为一个跑鞋品牌在鞋品类继续发展。我又惊又喜，立即告诉他，布鲁克斯2011年的业绩是多么强劲，我们来年的势头也一定很强劲。

他笑了。“太好了，”他说，“从现在起，我也将为布鲁克斯的成功负起责任！”

打完电话走出办公室时，我难以抑制自己的兴奋。这是一个多么好的开始。虽然当时我还没有完全想清楚沃伦·巴菲特的个人支持会给布鲁克斯带来什么好处。

理解投资者的回报期望

到那时为止，我的职业生涯中的大部分经历是在各种所有权团体中接受的速成培训。我接触过各种各样的所有权结构和不同风格的投资者，包括私人企业、上市企业、风险投资、被并购企业和私人资本池。我见过好的、坏的、丑陋的等各种业务。我学到的是，如果你在意长期的品牌建设，那么理解投资者的目标至关重要。那么，他们对投资回报的期望是什么呢？

金钱总是带有目的性的，没人比土生土长的明尼苏达州人、诺贝尔奖得主鲍勃·迪伦更能表达这种情绪了。他在1965年录制的史诗级经典歌曲《我很好（我只是在流血）》中提到，金钱实际上具有诅咒能力。

当我为股东和投资者辛勤工作时，鲍勃·迪伦的歌词在我脑中回荡。钱不会在你耳边诉说希望和梦想。它期望、假设、要求，是的，当它被激怒时，甚至可能诅咒你。金钱总是有潜在意图的。作为一名领导者，不理解金钱，会让你处于危险之中。

股东或投资者可能目光短浅。他们需要快速解决问题，或者对业绩进行美化以出售业务。有些人则希望尽可能少地显示利润，以尽量减少他们应缴的税款。另一些企业则会削减一切能节省的成本，以推动短期利润，而不考虑未来的盈利能力。我见过投资者罔顾商业机会而力求在情感层面上解决争端。我也见过所谓的投资者表现得像真正的交易员一样，努力寻找可以从错误定价的资产中套取短期利润的事件。

蓝色火焰思想 RUNNING WITH PURPOSE

自从我经历了皮尔斯伯里的变动之后，我开始相信，几乎任何人都可以通过削减成本来实现盈利。这不是什么有难度的事情。真正的挑战是在一段时间内同时和持续地创造两位数的增长和溢价盈利能力。这才是真正创造价值的地方。幸运的是，一些股东有更长远的眼光，他们明白，企业未来的财务业绩取决于用户对品牌的反馈，以及他们是否愿意为产品和服务支付全额费用。随着时间的推移，他们看到了建立品牌的财务机会和价值。

自从2001年我加入布鲁克斯以来，布鲁克斯已经换了四位老板。但不管是谁上任，我都负责为团队争取和赢得他们的支持，以追寻我们看到的建立品牌的机会。

将非股东的首席执行官的战略与投资者的目标同步，这是一个有待解决的难题。投资者会带来包含一系列目标在内的议程。当然，首席执行官也有一系列目标，这些目标反映了业务中的机会。理想情况下，投资者的目标和首席执行官的目标会有重叠，但情况并非总是如此。我通过艰难的方式学到，要敏锐地意识到投资者的目标、约束、压力、哲学、风格、价值观和结构。了解投资者的潜在意图至关重要。

在职业生涯中，我接触到了各种所有权结构。观察和学习每个人的行为、做事方式和做出决定的原因，使我不断成长为一名更加优秀的首席执行官。这些千差万别的方法，最初可能只是呈现为一种风格，但随着我的深入思考，我逐渐明白，其驱动因素要复杂得多，而且是与生俱来的。

私营企业：企业主制定议程

作为西北银行的初级银行经理，我认同米尔顿·弗里德曼（Milton Friedman）1970年发表在《纽约时报》上的文章《企业的社会责任是增加利润》（*The Social Responsibility of Business IS to Increase Its Profits* ），同时也认同企业存在的前提是赚钱。当时我23岁，刚从大学毕业，我管理着各种各样的中等规模贷款。我们会定期审查贷款企业最新的财务报表，于是，贷款委员会派我去更好地了解这家当地企业。

企业主与我们分享了一份收入报表，但不愿意给我们资产负债表。我们用存货和应收账款作为大多数贷款的担保，所以资产负债表是必须提供的。如果该企业不赚钱，库存和应收账款将成为我们收取贷款的抵押品。我到访该企业就是为了获得资产负债表，这样我们就能对该企业有一个更全面的了解。

我坚持不懈地让对方提供资产负债表，但很有礼貌，而且表现出专业素养。很明显，企业主非常不愿意与我们分享资产负债表。当他最后把它交给我的时候，几乎汗流浃背，这是有原因的。多年来，他一直在使用激进的库存会计方法，以降低报表上的利润和税收。我从未想象过“负库存”的可能性，但他就是这样上报的。他的目的是逃税，并且做到了。贷款的问题解决了（不管账面上有什么，我们可以计算出价值数百万美元的存货），但这是我开始了解投资者的动机和对企业产生影响的开端。

上市企业：季度暴政

几年后，在皮尔斯伯里这家20世纪80年代风生水起的大型成长型上市企业身上，我了解到季度收益的苛刻：每三个月就必须实现一次营收和利润的增长。当你的股票拥有高市盈率时，华尔街就会要求营收和利润增长，这可能会产生强大的动机，让你以牺牲长期成功为代价创造短期业绩。我目睹了这样的风险：企业追逐销售额并削减开支，以达到财务目标，然而却没有为用户进行投资和创新。在数十家企业中，我看到的都是它们在产品和营销方面存在着系统性投资不足的问题。当音乐停止时，他们碰壁了，然后被接管。

去实现由不了解业务的人设定的数字目标，前期总是令人满意的，直到你功亏一篑。我开始相信，这种做法近乎不道德。以牺牲明天为代价，去实现短期目标的首席执行官是可耻的。从高中开始，我就坚定了这种信念。20世纪70年代，我在参加男孩政府时，观看了安德鲁·劳埃德·韦伯（Andrew Lloyd Webber）和蒂姆·赖斯（Tim Rice）在华盛顿特区的美国大学执导的音乐剧《约瑟夫的神奇彩衣》（*Joseph and the Amazing Technicolor Dreamcoat*）。这是一部非常精彩的音乐剧，其中关于长期策略的道理，让我记忆犹新。

在音乐剧中，约瑟夫做了一个梦，梦见 7 头壮牛、7 头瘦牛、7 根新鲜的玉米穗和 7 根枯萎的玉米穗。醒来后，他的结论是，未来将会有 7 年丰收，随后是 7 年饥荒。他极力说服法老采取应对措施。14 年过去后，约瑟夫成为埃及权力中心的第二人。我想成为约瑟夫那样的人，能够预见未来，有信念和毅力去打持久战。上市企业的首席执行官需要向投资者传达企业创造价值的实际情况，并努力吸引那些长期投资者。归根结底，你无法为短期投资者或交易者创造长期价值。

私人资本池：寻求共同目标

同样，像我在经营西姆斯时为之工作的私人资本池也很难辨别，因为它们会被参与其中的个人的独特目标、经验和风格所驱动。这就好像这些天使投资人买了一张彩票，并期望将企业推向一个美好的未来。但许多天使投资人都不具备投资技巧和经验。当他们只是被动地投入资金时并无大碍，可一旦他们积极主动地投入资金时，挑战就真正来临了。

经营西姆斯是我首次在一家独立企业工作。董事会中有 4 位股东代表。其中两人背后还有其他投资者。董事会成员都很有个性。他们经常利用开董事会的时间，来纠正他们认为不公平的投资条款。没有一个单一的股东团体拥有控制权，他们在如何运营企业的问题上也很难达成一致。对我来说，这成了一个无法解决的难题。作为首席执行官，我很难让他们的注意力保持足够长的时间，以便就企业的长期计划达成一致。在一个竞争激烈的品类中经营，我的团队需要在未来的 3 个季度里设计和制造出产品，以保持竞争力。然而，董事会和股东群体却存在着功能失调的问题，且冲突不断，对企业的首席执行官而言，这是一件很棘手的事情。

被收购企业：为你的计划争取支持

在科尔曼、罗素运动以及后来的鲜果布衣，我都是作为被收购企业的首席执行官在管理着企业，我所在的企业最终被一家更大的多业务企业收购。我摸索出的方法是，把我的老板当作企业的投资者。我对企业的愿景、机会、战略和文化负全责。然后，我把获得老板对该计划的支持和信任作为我的责任。在我加入布鲁克斯的第一年，作为鲜果布衣内部的一项被并购的业务，我们去了肯塔基州的鲍林格林进行预算审查，并提出了我们的战略和年度计划。

我的老板以逐字逐句地检查每一个预算项目而闻名。我们为漫长的一天做好了准备。他用笔在我们的预算上进行标记，似乎我们要开始讨论如何削减市场营销、旅行和其他不必要的开支。但就在我们要开始讨论的时候，他放下了笔。我对我们使用的计划流程感到自豪（这个流程是我从皮尔斯伯里的工作经验中借鉴而来的）。布鲁克斯在鲜果布衣中可能是一个较小的业务，但我们遵守自己的纪律，以严谨的数据分析来认真工作。我们了解并掌握我们的经营数字。我们很专业。我们值得被信任并理应拥有自主权——我们确实如此。

私募股权：一个获得回报的授权

私募股权为经营中的企业带来由专业投资者管理的机构资本。通常，每家企业都有不同的投资理念和方法，来创造或实现价值。当我在2001年加入布鲁克斯时，这家企业还在苦苦挣扎，两年前，它被私募股权机构约翰·惠特尼公司收购。当我向他们推荐投资西姆斯时，我已经认识了这些合伙人。约翰·惠特尼公司没有投资西姆斯，但后来却邀请我加入布鲁克斯董事会，并最终让我以首席执行官的身份领导这家企业。在布鲁克斯最黑暗的时刻，约翰·惠特尼公司挺身而出，进行了再投资，给了我们所有人扭转布鲁克斯颓势的机会。

从那以后，我接到了很多其他企业家的电话，他们开始寻求私募股权或风险资本的投资。当他们向我征求意见时，我分享了自己的故事，告诉他们必须做足功课，并充分了解这些投资机构。他们的目标是什么？他们能给你多久的时间？他们是处于基金投资开始阶段还是即将结束阶段？目前的基金是盈利还是亏损？所有这些，将对你了解可能有多少时间来扭转局面、建立你的业务和提供价值至关重要。如果你将获得资金的基金因多次失败而处于水深火热之中，那么让你的交易突然成功的压力有多大？这些投资者如何与管理团队合作？他们是会挽起袖子参与你的生意，还是会让你自己做主？董事会中是否有与你的业务相关的人，还是只有基金的合伙人？你拥有多少灵活性、多大的运作空间、多少支持和耐心？每只基金都是独一无二的。不要以为这些投资者会是你的朋友，他们是控制你的财务伙伴。他们的任务是获得回报，而你需要了解这对你的企业意味着什么。

正如巴菲特和芒格所言，你要争取到你应争取的股东。根据我的经验，你可以而且也应该获得独立。

让巴菲特爱上布鲁克斯

2006 年 4 月 17 日，伯克希尔的鲜果布衣宣布收购罗素运动，其中包括布鲁克斯，这一天正好是第 110 届波士顿马拉松赛举办的日子。2012 年 1 月，我与巴菲特进行了一次极为幸运的对话，这之前的几个月意义重大。2011 年春天，他发给我一封电子邮件，赞扬了布鲁克斯在伯克希尔年会上的表现。在年会上，我们展示了我们的品牌，并销售了一些产品，同时见到了那些喜欢与巴菲特和芒格收购的企业经营者交谈的股东。我们做了一款限量版的“伯克希尔 – 哈撒韦鞋”。

在邮件中，巴菲特承认，大约 15 年前，他曾收到过一双新百伦的鞋子，这双鞋子他现在还在穿（“我就是那种人”）。他告诉我，他的鞋码是 10.5D，以防我想给他换一双布鲁克斯的替换品。毕竟，如果他在马拉松中跑了 3 小时，工作人员还拍了照片，那可能会很尴尬。他也承认，自己的跑步水平不太行，仅仅 100 码的冲刺，他都需要休息两次。

我立刻给他寄去了一个爱心包裹，里面装着布鲁克斯的鞋子和服装，他很客气地表示了感谢，并承诺让他的那双新百伦的旧鞋子退休。但引起我注意的是他的结束语——“如果你到东部旅行，有时间在奥马哈停下来吃牛排的话，那就太好了。”这一邀请令我出乎意料，因为我们的级别显然比伯克希尔低了好几级，我们只是一家向鲜果布衣汇报的罗素运动的子公司。

那年夏天，我果断决定前往东部旅行。我走进了伯克希尔简朴的总部，它以（差不多）只有 25 名员工而闻名，却领导着一家庞大的、拥有超过 27 万名员工、规模达 1 100 亿美元的企业。我被领进巴菲特的办公室，开始了一场长达三小时的会议。会议没有受到任何干扰，没有手机、电话或紧急事件的干扰。门关上了，巴菲特全神贯注地看着我，就好像他把全世界的时间都给了我一样。他热情、大方、好奇。他把对商业的真正热情带到了我们关于布鲁克斯故事的谈话中。“你们是如何成长的？你们如何与耐克竞争？他们为什么不把你们像虫子一样捏死呢？”

问得好，因为那一年，耐克比布鲁克斯大 68 倍。

我参加这次会议的目的，是让巴菲特爱上布鲁克斯，让我们有机会在一个资本回报率高的伟大品类中，建立一个独特的、有防御力的品牌。我完全进入了推销模式，以每小时 100 英里的速度说话。我谈到了布鲁克斯从广泛的、面向所有人的运动鞋和服装业务中走出来的历程，以及它作为一家只专注于为跑者提供优质产品的企业的崛起历程。我详细介绍了布鲁克斯对产品的高度关注、分销训练、无与伦比的用户服务，以及“快乐奔跑”的精髓是如何使它与业内其他品牌区别开来的。我强调了布鲁克斯的市场份额增长和利润增长，其销售额在过去 10 年中增长了近 4 倍。我知道他会欣赏布鲁克斯的盈利能力和高资本回报率，这一指标使投资与增长成为一项创造价值的活动。会议进展得很快，巴菲特问了很多问题，从用户动态到供应链。

沃伦·巴菲特开车送我去吃午饭，继续我们的谈话，并兑现了他提出的牛排大餐，尽管我们最后都选择了沙拉作为替代。我们谈到了中国的机遇、用户购买行为的改变和经济的改善。我告诉他，自 20 世纪 80 年代中期以来，他一直在远方指导我，因为我读过他写的所有东西。

我乘坐飞机回到家后，感到很幸运。汤姆·罗斯（Tom Ross）是我们长期的财务主管，也是布鲁克斯战略的关键设计师，他告诉我，我刚刚享受的那顿午餐价值几百万美元。

巴菲特每年都会拍卖一次午餐——与他进行一对一的用餐和交谈，以资助位于旧金山的社会正义慈善机构格莱德。2019 年，巴菲特的午餐以 460 万美元的价格卖给了出价最高的人。

随着假期的临近，巴菲特又给我发来了一封电子邮件，讲述了他在《华尔街日报》上读到的一篇报道。Facebook 的马克·扎克伯格买了一双新的追岚系列跑鞋，成为布鲁克斯的用户，巴菲特想让我知道这件事。“2012 年继续加油，我们只需要再增加几百万个像扎克伯格这样的用户！”他总结道。

布鲁克斯十年来的第四任老板：伯克希尔

几周后，布鲁克斯成为伯克希尔的独立子公司，我把 2011 年的年报发给了巴菲特。这是创纪录的一年：33% 的收入增长推动了 43% 的营业利润增长。在经历了经济大衰退和赤脚地震的决定性时刻之后，我们见证了布鲁克斯历史上最大的产品发布——PureProject。巴菲特经常手写简短的便利贴，上面有他的旧画像（不是近照），他给我发了几句鼓励的话：“你让我看起来不错，这可不是一件容易的事，继续努力吧。”

那年10月，巴菲特请我向伯克希尔的董事会介绍布鲁克斯的故事和策略。考虑到我们在伯克希尔的规模很小，因此，这一受邀令我倍感荣幸。伯克希尔的长期业务，如美国第四大保险公司GEICO、BNSF铁路公司、伯克希尔–哈撒韦能源公司等，都是规模大得多的企业。布鲁克斯成为其直接子公司也是第一年。巴菲特向我保证，董事们会很乐意听到我的消息，我也很期待这个机会。

在限定的60分钟内，我向董事会成员介绍了布鲁克斯的历史、市场、品牌定位、战略、文化和财务指标。正如巴菲特去年关于耐克的问题所表明的那样，他们想知道我们是如何竞争的。我解释说，布鲁克斯代表卓越的产品性能，因为这是创造品牌参与和信任的第一步。跑者将成为我们成功与否的最终裁判。他们会用脚和金钱来投票。

为了说明什么是我们所认为的独特品牌配方，我放映了一张幻灯片，展示了三种主要成分：生物力学和科学、艺术和跑者洞察。这种混合物用适量健康的“快乐奔跑”调味（见图6–1）。

我们有效地与数十家规模比我们大得多的品牌竞争，因为我们致力于打造世界上最好的跑步装备。此外，我们擅长吸引跑者，并作为利基专家服务于这个市场。

图 6–1　布鲁克斯的独家配方

图 6–2 显示了我如何看待布鲁克斯和伯克希尔的共同之处。

在每年 5 月的伯克希尔年会期间的周日早晨，你都会看到伯克希尔的员工、股东和访客在奥马哈的密苏里河畔跑步。许多人要求我们举办一场5千米赛跑，巴菲特接受了这个提议。我们在2013年创建了伯克希尔的“为自己投资”5千米赛跑。

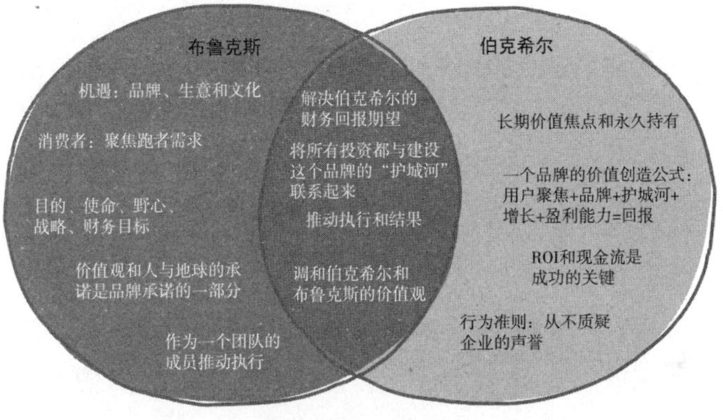

图6-2 布鲁克斯与伯克希尔的共同之处

巴菲特向股东们发出邀请，首届伯克希尔5千米赛跑将在会议结束后的周日上午举行。“很遗憾，我将放弃跑步，因为总得有人拿起发令枪。”这项比赛已成为伯克希尔一年一度的盛事。每年，巴菲特和芒格都会在股东大会开始时宣布比赛消息。虽然每个人都应该报名，但这两位领导计划睡懒觉。不过，他们确实希望每个人都能跑得愉快。

创建顾问委员会

伯克希尔在《财富》100强企业中拥有独特的商业模式。大约25名总部员工会根据业务需求的变化而变化，而不是反向操作。作为一个新人，我想让布鲁克斯的老板了解和跟踪我们的业务所需要的全部信息，我问巴菲特和他的非保险业务副主席格雷格·阿贝尔（Greg Abel），他们希望收到关于布鲁克斯的哪些信息和报告。巴菲特的回答是："把损益总结表的首页以及你认为重要的信息发给我。唯一需要召开的会议是每年确定我的薪酬。"他让我独立处理布鲁克斯其他员工的薪酬问题，无须向伯克希尔发送费用报告。他说："你的财务总监就可以批准它们。"他告诉我，我们可以就重组到伯克希尔一事发布新闻稿。"你对措辞的判断也没问题。"芒格经常把"值得信任的无缝网络"作为人生追求，伯克希尔的企业文化反映了这一理念。作为企业的管理者，我可以肯定，拥有信任是很重要的。由于得到了完全的信任，我高度专注于实现每个层面的成果，因为我自己对所有的结果负责。

我特意每年去一次奥马哈，与巴菲特会面，回顾布鲁克斯的战略和进展。我所体验到的文化是鼓励和支持。巴菲特投资的是人，他让他们自己经营。在我们早期的谈话中，我问巴菲特是否愿意在布鲁克斯成立一个顾问委员会。虽然我还不认识夏洛特·盖曼（Charlotte Guyman），但我觉得她将会是一名出色的成员。夏洛特·盖曼住在西雅图，是伯克希尔董事会的一名成员。巴菲特非常支持这个想法，如今，伯克希尔的格雷格·阿贝尔正在向伯克希尔的其他子公司推荐这种做法。

我的目标是重现我们在约翰·惠特尼公司时的良好氛围：一个拥有各种经验的超级明智的董事会，我们的高级领导团队可以与之合作，从而让我们变得更好。我很怀念这个理想的董事会，但我也知道，我们的领导团队必须为那些将挑战我们、问很多问题的人准备战略和计划，他们将从中受益。我们和团队已经熟悉到了几乎能把对方的话完全说出来的地步。我借鉴了一位首席执行官朋友的经验，他的私人企业有一个非常有效的董事会模式，我为布鲁克斯创建了下面的顾问委员会概念：

1. 目标：处理和解决重要问题。避免耗时和无趣的受托委员会和监管职责。自私地说，这些会议更多地是领导团队的需求，而不是董事会的需求。会议的目标应是扩展、调整我们的计划，并使参会人员从董事会成员的经验中受益，从而指导下一步的工作。
2. 形式：非信托咨询委员会，每年召开 4 次会议，每次历时 7 小时，从上午 8 点至下午 3 点，其间提供工作午餐。
3. 会议重点：业务回顾，深入探讨选定的战略问题，目标是让董事会成员至少有 40% 的时间发言。我们还将邀请董事会成员参加布鲁克斯的活动，体验我们的品牌和文化。

我们的布鲁克斯顾问委员会成立近 10 年来，对我们的团队和企业产生了巨大的影响。布鲁克斯以超越自身的能量，吸引到了很多令人难以置信的人才，包括微软前娱乐和设备总裁罗比·巴赫（Robbie Bach）、巴克莱银行前副董事长迪安娜·奥本海默（Deanna Oppenheimer）、伯克希尔董事会成员、微软前高管夏洛特·盖曼、耐克前高管、李维斯美洲区总裁安妮·罗霍西（Anne Rohosy）、Zulily 联合创始人达雷尔·卡文斯（Darrell Cavens），以及《户外》杂志首席执行官、MapMyFitness 创始人、Under Armour 前首席数字官罗宾·瑟斯顿（Robin Thurston）。

布鲁克斯顾问委员会的设立使其具备两全其美的好处：伯克希尔给

予我们的信任和责任，以及一群顶尖的人才。他们在我们面对挑战和机遇时，帮助我们磨炼思想并给予我们指导。

当巴菲特与我们整个全球团队一起参加西雅图的市政厅会议时，这种慷慨大度的精神得到了充分的体现，这是布鲁克斯品牌成立 100 周年的纪念大会。这次活动在西雅图历史悠久的摩尔剧院举行，由夏洛特·盖曼主持。盖曼一开场就问了巴菲特一个问题，房间里的每个人都想听到这个问题的答案：他为什么要把布鲁克斯从鲜果布衣中剥离出来，使之成为一个直接向他汇报的子公司？

巴菲特以自己特有的内布拉斯加州式的坦率说道：“布鲁克斯是一家非常优秀的企业，它有太多的优势，不适合成为鲜果布衣的子公司。我无意冒犯鲜果布衣，但我发现了布鲁克斯正在做的事情，它应该成为一家直接由伯克希尔管理的子公司。而且，当未来布鲁克斯取得成功时，坦率地讲，我功不可没！”

接着，他谈到了自己的另一个商业框架：企业建立“护城河”的重要性。“如果你有一座经济城堡——布鲁克斯就有一座——就会有人试图把它从你手中夺走。这时企业需要做两件事。首先，你需要有合适的骑士守卫这个地方，我们已经找到了合适的骑士。”说到这里，他瞥了我一眼，布鲁克斯团队立即爆发出热烈的掌声，我被大家的关注吓了一跳，“然后，你需要在城堡周围建一条护城河，你需要不断地把食人鱼、鲨鱼和蛇扔进去，因为人们会试图穿越这条护城河……”他继续说道，“最终的护城河是一个伟大的品牌，但保护这条护城河，需要让这个品牌进入世界上每个跑者或潜在跑者的脑海，让他们对这个品牌有一个期望，然后满足于这个期望。如果你这样做了，护城河就会不断扩大。人们总是想要跑步。他们想对所有的知名品牌有所了解。你希望他们对布鲁克斯的看法是，它能激发出他们最好的一面，为他们做最大的努力，这样它就不会让他们失望。如果你这样做了，那就前途无量了……跑步将永远伴随着我们。世界上会有越来越多的人爱上跑步。这种需求永远不会消失。我们必须鼓励这种需求，并以某种方式满足它。跑步是如此根深蒂固，我们不必担心这门生意会消失。”

最后，巴菲特总结道：“布鲁克斯正在做它绝对应该做的事情。你们正在改善使用你们产品的人的生活。”

在伯克希尔学到的经验

在过去的10年里，布鲁克斯的许多人，尤其是我，从巴菲特那里学到了不少宝贵的经验，并且我们还在继续学习。这本书和商业评论文章都是献给这位奥马哈先知的。确实如此。经常有人问我，与伯克希尔及其领导人共事是什么感觉。在我的商业生涯中，我从未有过如此大的自主权，也从未感觉到如此的负责任和担当。在我经历过的所有权结构中，它最接近于掌控经营并对其完全负责。为什么？因为管理者是完全自主、完全负责的。

巴菲特在不断寻找有激情的人，而且他做了很多功课，以吸引和留住那些对自己的事业充满激情的人。他总是想要那些热爱自己事业的人。巴菲特告诉布鲁克斯团队，他把自己想象成每天早上去西斯廷教堂的米开朗琪罗。他可以做任何事情，但他最想做的，是在那间办公室里完善他的杰作。

在与伯克希尔的合作中，我体验到了很多价值观和品质。其中，我最欣赏的是以下这几点。

诚实正直

巴菲特告诉高管们，要在自己雇用的人身上寻找三种品质：智慧、活力和正直。他补充说，如果没有最后一个，你就不要为前两个操心了。芒格则有他的用人 ABC 法则——避免傲慢、官僚主义和自满。我们经常提醒自己要注意这些方面。巴菲特还告诉我，首席执行官也是首席风险官，因为风险不是可以委托给别人来处理的东西。对此，他还补充了一句俏皮话：不要做任何你不希望在日报头版看到的事情。首席风险官的职责包括聘用高度正直、认真负责的人。芒格和巴菲特笃信一种文化：信任是自己赢得的。信任是应得的还是不应得的，这是一个原则性问题。

赋能文化

伯克希尔每年都会召开一次经理人年会，会议日程中包括午餐会和就相关商业话题展开的首席执行官小组讨论。我第一次参加是在 2013

年。巴菲特主持了这场简单的午餐会：一边是汉堡，另一边是沙拉，甚至连幻灯片和电子表格都没有。他只是站了起来，花了几分钟的时间强调了整个企业的好年景，并感谢每个人的努力。他说，唯一失败的是他自己，因为那一年他没有找到一个合适的收购对象，来投资并产生更多的现金流。“让我们明年再创一个好年景吧。”

就这样，作为美国最重要的企业之一，伯克希尔年度唯一的一次商务会议持续了大约 10 分钟。

留在你的能力范围内

在一次年会上，巴菲特看到自己的三家家具企业的管理者一起站在走廊里。“我希望你们不是在谈论协同效应，因为我收购了三家伟大的企业。我不希望它们变成一家。”他让每家企业做自己的事情。这不是一个团队，而是一个积极经营业务的组合，而且行之有效。这种对离散客户和市场的高度关注，与布鲁克斯的 DNA 高度匹配。

赞扬

巴菲特和芒格总会给予伯克希尔的约 60 位管理者和首席执行官以热情洋溢的反馈。在会议上，这些管理者和首席执行官的面孔都被投影出来，巴菲特和芒格真诚地感谢他们。如果你在他的年度信件中被提及，那将是对你增值业绩的一种褒奖。巴菲特总是喜欢公开表扬和私下批评。

永久性

在巴菲特的信件里和伯克希尔 1996 年的“股东手册”中，他讨论了一个具有财务实力的永久家族给予其并购企业的礼物。在伯克希尔，没有金拉米牌式的管理行为（即每次都放弃最没有前途的业务）。与银行和华尔街分析师打交道的日子已经永远结束了。对于想要继续参与经营的少数人控股企业或家族企业来说，伯克希尔是一个独特的收购者。

总之，我从巴菲特和芒格那一代人身上学到了很多东西，他们经常被称为“最伟大的一代”，这并非言过其实。

07

性能永恒

RUNNING WITH PURPOSE

站在你生活的地方，
面朝北，想想方向，
思考你为什么从前没想过

♫ 快转眼球乐队，《站立》*Stand*

跑步运动正进入增长的第三个 10 年。最初由弗兰克·肖特（Frank Shorter）在 1972 年奥运会马拉松比赛中获得金牌而引发了跑步热潮，在20世纪90年代末又出现了第二次热潮。跑步一直是世界上基数最大、最具包容性的体育和健身活动之一。我们估计，全世界有超过 1.3 亿人在跑步，仅在美国就有近 4 000 万人。

打造一个经得起时间考验的品牌

千禧一代[①]是支撑我们业绩增长的关键，因为他们是迄今为止最大的跑步人群。因此，他们一直在我们的视野中。布鲁克斯现在常常与高中和大学的跑者一起，参加从越野赛跑到田径赛跑的各类体育运动。然而，在千禧一代中，大型运动品牌的知名度更高。我们的策略是，在他

① 根据皮尤研究中心（Pew Research Center）的数据，千禧一代是指于 1981—1996 年间出生的一代人。

们25岁左右——开始在身体健康上投资的时候，把布鲁克斯介绍给新的跑者。一旦他们开始工作并组建家庭，就会对如何保持活力做出选择，而跑步常常成为他们其中的一个选择。

自2014年起，布鲁克斯开始专注于25岁以上的自定义跑者，这一群体约占千禧一代的一半，而且每年都有更多的人加入25岁以上的人群中来。一般而言，这类人大多都会对高性能跑步装备感兴趣，愿意花更多的钱。而且，他们通常会对休闲跑者产生一定的影响力。为了成长为一个高性能跑步品牌，我们需要让这类人选择布鲁克斯。

我们认为，在营销布鲁克斯的产品和品牌时，年龄群体并不是那么相关或具有可操作性的。在我们的研究中，人们跑步的原因以及跑步给他们带来的感受似乎超越了年龄。如果我们把注意力集中在人们跑步的原因，以及跑步如何适应他们生活的行为上，那么无论他们的年龄多大，我们都能准确洞察到他们的需求并赢得他们的青睐。

但事实证明，这种对跑者行为的假设是一个巨大的错误。虽然他们的跑步习惯可能看起来很相似，但事实上，影响千禧一代跑步的几乎所有因素，都使他们与以前的任何统计人群有很大的不同。

千禧一代的人数约为7 210万，是美国历史上人数最多的一个年龄群体。因此，他们走到哪里，市场就在哪里。他们是数字原住民，在网上出生或至少在网上长大，通过网络来进行社交。他们可支配的钱更少，债务更多，与父母那一代人相比，他们对事情的优先级判断也不同。根据皮尤研究中心的数据，他们推迟了诸如结婚和买房等事项。高盛的研究显示，千禧一代更喜欢“共享经济”，即无须拥有就能获得汽车等产品的使用权。

在我们的业务中，如果你和用户一起变老，最终就会掉队。我们正在打造一个经得起时间考验的品牌，这意味着我们需要吸引年轻人。他们认识布鲁克斯吗？我们是否会成为他们生命旅程中的一部分？

聚焦千禧一代："去冰球要去的地方"

“去冰球要去的地方”是韦恩·格雷茨基（Wayne Gretzky）的父亲沃尔特·格雷茨基（Walter Gretzky）说的。我是这句话的忠实粉丝，因为它适用于任何消费品牌，特别是在瞬息万变的时代，你必须准确预判下一个风口并采取行动，而不是坐等机会。我认为这是商业中最难培养的技能之一。关于千禧一代跑者真正想要什么有很多问题。经济大衰退之后，出现了一种新的节约现象。家庭收入开始承受越来越大的财政压力。教育、住房和医疗成本的上涨速度远远快于工资的增速。在可自由支配的资金日益匮乏的情况下，什么产品会被选中？

健身和锻炼被分割成许多新的机会，从瑜伽运动到像 Orange Theory 和 CrossFit 这样的健身工作室，以及像欧洲的 11 月计划和公园跑这样的免费健身体验。千禧一代似乎在任何一项运动中都不那么认真或具备竞争心态。他们涉猎了很多领域，从一项活动转到另一项活动。他们似乎对昂贵的技术装备不太感兴趣，认为这些装备只是为了填满他们的公寓或车库。相反，他们乐于购买便宜的替代品，甚至在可能的情况下选择租赁。新生的共享经济在每个领域都产生了一些问题并存在着一定的不确定性。

参加跑步比赛的人数开始下降。我们撞墙了。2016 年 5 月 5 日，《华尔街日报》一篇题为《千禧一代如何结束跑步热潮》（*How Millennials Ended the Running Boom*）的文章引起了所有人的注意。传统观点认为，跑步热潮已经结束，但幸好还有许多其他活动可以承载千禧一代的时间和精力，并提供他们可能渴望的体验。跑步运动的前景阴云密布。

许多人认为，跑步参与率的下降是因为千禧一代更喜欢屏幕和虚拟体验。但我们看到的是，这代人实际上比之前任何一代人都更活跃。他们只是不想通过单一的活动来实现自我认同。他们渴望尝试所有的活动。

在布鲁克斯，我们进行了多次辩论，以评估千禧一代的真实情况。跑步可以从哪里融入他们的生活？有组织的跑步和比赛如何适应他们全新的、不拘一格的健身生活方式？什么类型的产品能满足他们的需求？每个运动、户外、健身品牌以及现在越来越多的时尚品牌，都在积极推出更便宜、更简单、更具科技性的产品吗？对布鲁克斯来说，这可不是一幅美好的图画。因为那不是我们的优势。这是另一个主要的产品趋势，就像赤脚跑步引发的极简主义鞋热潮一样，这对布鲁克斯很不利。

千禧一代是否都想要廉价的、模仿他人的运动休闲产品？布鲁克斯再次感受到了恐惧，这种前景令人极其不安。

当我们开始预测产品将如何演进，以满足千禧一代的跑步需求时，我们还必须认真对待市场上的新节约趋势。千禧一代中的许多人在大学毕业后便背上了巨额债务。他们目睹了父母在经历了经济大萧条后陷入了窘境——一些人失去了自己的房子，大多数人失去了自己持有的房子的产权。目前我还不清楚高价的高性能跑步装备是否能获得他们的青睐。千禧一代真的想要高性能的技术产品吗？他们愿意花 120 ～ 160 美元买一双高性能跑鞋，花 50 美元买一件运动文胸，花 100 美元买一件跑步夹克吗？显然，许多人似乎愿意在体验上花费更多，而在产品上花费更少。

蓝色火焰思想 RUNNING WITH PURPOSE

耐克可以在牌桌上的每一种颜色和数字上下注，但我们不能。传统观点认为，布鲁克斯需要根据市场走向来销售产品。对此，我们拒绝了。为了忠实于我们的品牌，我们去不同的水域捕鱼，远离人群，到我们认为市场所在的地方。

另一个挑战者品牌——安德玛正在与竞争对手争夺金牌。安德玛在过去 10 年间发展得如火如荼，它在不断蚕食耐克的业务。2015 年，安德玛创始人凯文·普兰克（Kevin Plank）在彭博电视台的《圈内》（*In the Loop*）节目中表示，阿迪达斯是安德玛最愚蠢的竞争对手。他想和耐克正面交锋。他把自己的品牌和文化视为和耐克处于同一个赛场的竞争者。我们并不认同他的做法。但对于一些品牌来说，情况并非如此。用户是上帝，用户在买单。你要么为用户解决问题，要么不解决。几年后，阿迪达斯超越了销售下滑的安德玛。普兰克宣布，他将辞去自己所创立的这家企业的首席执行官一职。

在高性能领域重新树立布鲁克斯的旗帜

在这段时间里，我开始推崇一句被认为是托马斯·杰斐逊的名言，这句名言似乎定义了我们在这个混乱时代的任务：**对待风格，要随波逐流；对待原则，要坚如磐石。**到了 2016 年，事情对我们而言变得越来越清晰。虽然低价的基本款产品大致来自其他品牌，但同样明显的是，高性能跑鞋和服装销量之所以下滑，部分原因是产品单调乏味。各种品牌看起来都大致相同。当你看到墙上、架子上或网站上销售的高性能跑步装备时，完全没有令人兴奋或与众不同的地方。我们的产品已经变得陈旧，我们现在看起来太像竞争对手了。

我们已经把视线从冰球要去的地方移开了吗？也许吧。自从“赤脚跑步”热潮以来，我们让布鲁克斯的一些优秀员工专注于“跑步签名”计划中的临床研究。通过对数百名跑者的临床研究，我们对跑者之间习惯性关节运动的独特性有了重要的认识。我们在这项研究中获得的经验在白皮书中进行了分享，这对未来我们在整个产品线上的创新至关重要。

与此同时，不断上涨的成本促使我们在越南建立了亚洲第二个鞋类制造基地。虽然这是我们必须做的事情，但它分散了团队的注意力，使他们无法创造出富有创新性和高质量的产品。

当整个行业陷入困境时，布鲁克斯又一次面临巨变。我们相信，千禧一代主导的市场将对高性能跑步装备带来更好体验的创新做出反馈。我们的团队将再次潜心挖掘并交付出创新产品。

来自阿尔卑斯山的法国人帕特里克·庞斯·德维尔（Patrick Pons de Vier）是一名橄榄球运动员，他在恰当的时机来到了布鲁克斯。或者，用他自己的话说，他就像一只黑猫一样来了。一切即将发生。那是 2015 年 3 月，他加入了布鲁克斯，来领导全球鞋类业务，此前他在所罗门公司和美国体育公司（美国体育公司是 Atomic、Arc'teryx 和萨洛蒙靴子等滑雪品牌的所有者）有着 20 年非常成功的职业生涯。除丰富的职业经历之外，德维尔还曾是一名朋克摇滚鼓手。在这之前他已经是所罗门公司价值 10 亿美元的制鞋业务的关键设计师，我们想成为他服务的第二个价值 10 亿美元的品牌。

德维尔立即投入工作之中。作为战略、人才和流程的领导者，德维尔和他的团队构建了一个新的十年愿景，我们称之为“跑步马托邦”。他制订了详细而全面的计划，以充分开发布鲁克斯方方面面的能力：“跑步签名”技术，跑步洞察，实验室研究，对布鲁克斯产品的合脚性、质量和工艺水平进行培训的布鲁克斯学院，一个积极的创新议程，一种精雕细琢的设计美学。所有这些，都会为布鲁克斯增加巨额利润。

当时，我们的领导团队正在积极讨论布鲁克斯要寻找哪类客户。我们是否应该把范围从 25 岁以上的自定义跑者扩大到所有跑者，从而把数百万偶尔跑步的人纳入我们的关注范围？20 世纪七八十年代复古的生活方式鞋品再次流行起来，我们将旧的 Vantage 设计作为布鲁克斯遗产系列的一部分，以庆祝我们的 100 周年。我们是否应该投资去发展它，即使它不再是一个以性能为导向的跑步产品？我们是否应该创造廉价产品，并以更低的价格点进入家庭鞋类和中等价位的百货商店渠道？我们是否应该为运动休闲品牌和鞋类大品牌都竞相追逐的注重休闲和生活方式的用户开发一条产品线？我们是否应该重振童鞋业务并创建一条新产品线？是否要像大多数大品牌那样通过亚马逊和科尔士百货扩大分销？我们是否有足够的产品和品牌实力做到这一点？

对于像布鲁克斯这样的高端品牌来说，以上许多路径都是危险的。我们这个类别中充斥着许多品牌，它们最终失去了对跑步核心用户的关注：经常参加跑步的人，25 岁以上的自定义跑者。在追求增长的过程中，很多品牌都愿意以较低的价格吸引来更多新用户，但忽视了其他用户，从而失去了它们在挑剔的跑者中的信誉。

最后，很明显，为了实现盈利增长，布鲁克斯需要在专业性能上获胜，并赢得跑者的青睐，即使他们的数量会减少。无论如何，我们必须重新设计我们的产品，并提升鞋子的合脚度、脚感、控制性和设计。德维尔激励团队要围绕跑者的需求去创新，从而让我们走出保守、呆板的框框，在设计上实现突破。在短短几年内，新的鞋类产品将会复兴，服装也会随之兴起。

2016年5月，在西雅图举行的全球销售会议上，我做了主题演讲。数百双眼睛注视着我，尤其是那些每天站在一线与随时结账的零售商打交道的销售代表们。我知道这可能不是他们想听到的，但我仍热情地介绍，布鲁克斯的旗帜将坚定地重新插在为跑者提供高性能产品上，并宣布“性能永恒”。我们不会追逐运动休闲的潮流。总会有很多跑者想要、需要甚至要求每一英里都能取得最好的成绩。我们认为，每一位跑者都理应得到高性能的产品。继退出传统鞋类业务、童鞋业务和以健身为灵感的“轻性能”服装之后，布鲁克斯再次破釜沉舟。

我们改造了整个布鲁克斯产品线，在训练鞋、比赛鞋、运动文胸、恶劣天气和能见度解决方案，以及包括越野在内的各种装备方面，我们都以跑者为中心进行了创新，对细节给予了高度关注。布鲁克斯回来了，但这是一条孤独的道路。我们是为数不多的在专业性能技术上投入巨资的主要品牌之一。另一个是耐克，它涉足这个行业的各个领域。它正在用飞织技术对鞋面进行创新，并很快推出了加载弹簧的 Alphafly NEXT% 系列产品。时间会告诉我们，哪些品牌会在正确的位置拿起冰球、射门并得分。

与跑者一起创造数字需求

布鲁克斯在营销活动中最擅长的，是将我们的品牌与每一名跑者联系起来，无论他们是在跑步旅程中，还是在为奥运会参赛代表队争夺一席之地；无论是他们刚刚达到选拔赛的标准，还是完成了第一个5千米比赛。2017 年 6 月，我们通过一种被称为“大代言活动”的新颖方式来庆祝每个人的跑步活动。我们击中了靶心。

虽然许多跑者梦想成为职业运动员，但在跑步领域，大额的代言合同通常只留给世界上跑得最快的人。我们决定改变这一点。在 2017 年 6 月 7 日的全球跑步日上，布鲁克斯宣布了历史上最大的体育代言交易。任何想成为布鲁克斯代言运动员的跑者，都会收到一张 1 美元的支票，并可以获得有关训练和营养的内容访问权限。我们认为可能有 2 万名选手会行使这些权利。最终，8 万多人接受了我们的提议。

我们不止需要一个创意活动来吸引千禧一代。他们不仅在跑步的方式和装备上会对周边人产生影响，他们的购物行为也正在迅速改变，从而扰乱了品牌和零售商的日常步伐。iPhone 推出大约 10 年后，用户果断地掌握了主动权。我们的研究证实，2017 年约有 30% 的跑者在网上购买鞋子。在短短几年内，亚马逊占据了 10% 的市场份额，成为最大的跑鞋零售商。此外，超过 60% 的在线跑鞋搜索是在亚马逊进行的，而不是谷歌或必应。零售渠道的实体店客流量在下降，但平均客单价和转化率在上升，这证实了用户在去商店之前，经常会通过网络和智能手机进行搜索。跑者现在经常从网上开始他们的购物之旅，然后在线上和线下进行购买。

我们仍然相信实体店带给用户的体验在未来会有一席之地，但现在的趋势反映了一个杠铃市场，一端是互联网平台的价格和便利（比如亚马逊、Zappos、布鲁克斯跑鞋官网、FleetFeet 官网、DicksSportingGoods

官网和安伊艾官网），另一端是引人入胜的实体店购物体验。这些商店提供了一站式服务、地域相关性、专业知识、策展、步态分析、跑步小组、训练建议和比赛登记等组合支持。中间的零售商，像“运动权威”这样的大卖场、服务较少的体育用品店则陷入了困境。仅在2016年，我们就看到900多家体育用品实体店倒闭，其中包括“运动权威”中的463家。

亚马逊很重要，但它不是布鲁克斯的最佳选择，因为它不是一个对高端品牌友好的合作伙伴。管理我们的品牌形象是一场持久战，但亚马逊的算法将我们的产品在互联网上的价格推到了谷底。它是需求的收割机，却不是帮助跑者找到合适鞋子的服务商。它也缺乏对产品和技术的故事讲述能力。我们最终决定不在亚马逊上销售，因为它没有能力定位技术和产品。相反，我们选择只留在亚马逊的公开市场上，在那里，我们可以控制产品展示和销售组合。然而，亚马逊毫不客气地把我们踢了出去！这并不是一个让卖家与用户建立联系的开放平台。亚马逊决定了它想要的一切，否则你就必须出局。

我们挑选了最好的零售合作伙伴，让他们在亚马逊市场上代表布鲁克斯来进行销售。今天，跑者已经可以在我们最好的零售合作伙伴那里找到布鲁克斯了。

在零售业的所有动荡尘埃落定之前，布鲁克斯做出了两个关键的基础性判断：

1. 我们必须大力进行数字营销投资，从而得以与跑者在网上购物时进行互动。现在，跑者看到的第一个鞋架不是在实体店，而是在网上。如果我们不在他们购物的时间和地点出现，那就好像我们不存在一样。
2. 我们重申了自己的承诺，即与跑步领域最好的专业跑步及体育用品零售商共赢。我们相信，许多零售商将凭借其强大的服务、与社群跑者的链接，以及它们自己不断增长的数字业务而生存下来。正如沃尔玛在 20 世纪 90 年代未能使所有零售商破产一样，我们相信，亚马逊也不会摧毁所有零售商。强者会适应环境并生存下来。我们希望成为它们跑步业务方面的主要供应商。

解决跑者不断变化的购物行为的一个关键步骤，是雇用梅兰妮·埃伦（Melanie Allen）作为布鲁克斯的第一位真正的首席营销官。埃伦是一位成功的营销专家，曾任职于星巴克和宝洁，拥有大约 20 年的营销经验。她让领导团队制订一系列营销计划，以通过数字渠道来创造消费需求，但对跑者在哪里购买我们的装备不是很清楚。布鲁克斯在跑步品牌中拥有最强大的零售分销能力，我们希望埃伦不仅要将需求引向布鲁克斯的官网，而且还要引向跑者想要购买而布鲁克斯恰好又有销售渠道的地方。

埃伦和时任布鲁克斯总经理兼全球销售主管的丹·谢里登合作，创建了跨职能的计划、指标和数字链接，以满足跑者的消费需求并引导跑者到他们可以购买到布鲁克斯跑步装备的地方。我们做了数据分析。扣除直接成本后，我们批发业务的利润贡献，基本上与直接面向用户的电子商务业务的利润相等。我们决定遏制批发商和直销商之间的内部竞争，让每个人都有相同的目标：与跑者一起创造数字需求，并在他们希望购物的地方，尽可能高效地、无阻力地收获成果。我们优先投资于能够在多渠道世界中创造全渠道用户体验的工具。

建设企业文化，任重而道远

有人说，当时局艰难时，人们的真正价值观才会显露出来。对企业来说也是如此。在必须做出选择的困难时刻，选择一条道路，选择企业必须做的事情，然后放弃其他。你必须将“锦上添花”与“必不可少”这两种事情区分开来。2015—2016年对布鲁克斯来说是极具挑战性的时期，我们必须做出选择。最终，这些选择展示了布鲁克斯作为一个品牌的信仰、主张和价值观。

我喜欢这样的时刻，因为它们是利基挑战者品牌的竞争战略黄金期，是我们用麦克风发出市场信号的机会。我们会公开宣布我们的信念，世界（或至少是行业）会倾听并判断我们是否具有远见。

当然，布鲁克斯一直有自己的企业文化。在我加入之前就是如此（一些业内人士建议我不要搞砸了）。在加入布鲁克斯的早期，我认为布鲁克斯的文化是理所当然的。但文化从来都不是静态的，本质上是一群人的行为的集合。随着时间的推移，甚至是一夜之间，它可能变好或变坏，尤其是对一家处于成长期的企业来说。

2014年，我们开始认真贯彻并深化布鲁克斯的文化。布鲁克斯的迅速发展，意味着会有很多新员工加入。整个团队对“企业文化到底是什么”心存疑问。我们花了大量时间来定义布鲁克斯品牌在跑步中的意义，这在整个企业中得到了很好的体现。但是，我们仍处于早期阶段，需要向团队阐明布鲁克斯的价值观是什么，以及这些价值观在企业领导人身上是如何体现的。我经常展示这样一张幻灯片（见图7–1），以说明布鲁克斯打造出色装备并与跑者建立链接的标志性方法（带有令人耳目一新的真实性）。事实上，我经常以同样的方式看待布鲁克斯的文化：认真对待我们的装备，但不要把自己太当回事。努力工作，尽情享受。

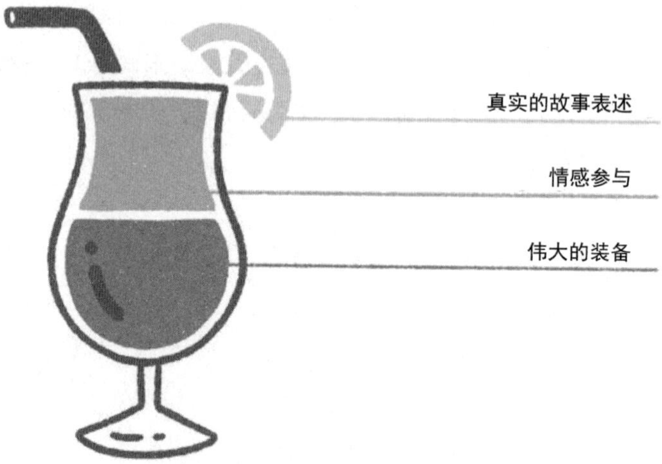

图7–1 布鲁克斯特色“鸡尾酒”

几年前，我们开始收集用户的净推荐值（Net Promoter Score，NPS），以此来衡量品牌的亲和力。NPS的计算方法是，在0～10的范围内，就用户向朋友或同事推荐一家企业、一种产品或一项服务的可能性进行打分，然后将评为 9 分或 10 分的百分比（“推荐者”）减去评为 6 分及以下的百分比（“诋毁者”）。给出 7 分或 8 分的受访者，被称为“被动者”，也参与总体 NPS 百分比的计算。

我们非常重视这一分析。相比我们的竞争对手，布鲁克斯的用户 NPS 得分总是处于或接近最高水平。**对于一个高性能品牌来说，让核心用户产生亲和力就是硬实力。**对于像布鲁克斯这样的挑战者品牌来说，成功的秘诀包括让目标用户对你的品牌产生热爱之感。NPS 能够测量这一点。因此，我们认为，如果它对用户有效，为什么不试试我们的员工呢?

2015 年 3 月，我们向董事会顾问委员会首次提交了真实的员工调查结果，旨在衡量布鲁克斯的企业文化健康状况。我们有紧密团结的协作精神和努力工作并共享成功的职业道德。这些元素一直是布鲁克斯企业文化的一部分，它来自一场艰难的跑步后与朋友击掌庆祝并来上一杯的经历。然而，随着我们的成长，企业里也出现了各自为政的现象。我们知道，捍卫包括信任、思想领导力、创新和团队合作在内的价值观是整个企业的机遇，调查的结果也证实了这一点。

当 2016 年时局维艰时，我们的员工 NPS 下降了。从某种意义上说，这是合乎逻辑的。布鲁克斯的情况不确定，所以你向朋友推荐布鲁克斯的可能性会降低。这困扰着我，因为从长远来看，重要的是我们如何日复一日地按照我们的共同价值观行事，尤其是处于逆境时。具有讽刺意味的是，我认为我们在践行企业的价值观方面取得了进展，领导团队比以往任何时候都更关注这个话题。我们正在努力建立信任，追求创新，发挥团队精神，庆祝胜利，解决问题并互相帮助。然而，我们的员工NPS却表明我们正变得越来越弱？

此时，凯蒂·卡尔森（Katie Carlson）登场了，她最近被提升为布鲁克斯全球人力资源团队的负责人，并加入了董事会顾问委员会。在解决企业文化问题时，卡尔森和她的团队有一个关键的发现。员工NPS并不能衡量企业的价值观在行动中的强度；它实际上只是一个员工幸福指数。无论企业处于快速增长的顺风期，还是面临挑战的逆风期，重要的是我们的行为是否符合既定的企业价值观。

这引发了我们对企业文化调查的彻底改革，以衡量行为与企业价值观的匹配度。我们作为领导者将直面调查数据，以便更好地创建企业文化，无论是在繁荣时期还是充满挑战的时期。

这一发现激发布鲁克斯创建了“连接”领导力发展培训计划，该计划面向全球团队中所有级别和任期的管理者。卡尔森带领她的团队设计了“连接”项目，第一批学员中将有130多名管理人员从为期5天的课程中毕业。该项目需要每个人全身心投入，因为我们要带领员工根据我们的企业价值观和行为来扩展布鲁克斯的协作、连接文化（见图7–2）。

跑者第一：

一切都以跑者为中心——我们的痴迷、我们的灵感、我们前进的道路。当企业发展存疑时，求教于跑者。

- 依据洞察行动，以勇气和信念超越预期，引领跑者。
- 保持好奇，持续了解跑者。
- 平衡事实和合理的判断，理智地承担风险。
- 挑战假设，测试有影响力和有潜力的新想法和机会。
- 勇敢面对失败，从中汲取教训并继续前进。

言出必行：

真正的品牌建立在信任的基础上。言出必行、说到做到。

- 体现出将用户变成拥护者的诚信。
- 我们的品牌和产品是对用户的隐性承诺——信守你的承诺。
- 对每一个人表示尊重。
- 沟通要清晰透明，要真实、简单、负责任。
- 公开、主动地与团队成员分享信息。
- 强调包容和平等，推动建设更加公正的世界。

冠军的心：

我们参加这场比赛就是为了赢。不要想当然，要全力以赴。

- 用户拥有选择权。让选择布鲁克斯变得容易。
- 保护我们的“护城河”。竞争对手想要我们拥有的东西。
- 奔赴一线，相信我们能赢。
- 追求让你引以为豪的卓越能力。
- 设定积极的目标和高标准，让用户感到惊喜和愉悦，并为品牌和业务带来成果。
- 不断实践和持续进步，以避免导致创新萎缩的“我已经成功了”的心态。

跑步中无“我”：

没有人能单枪匹马去完成我们所有人一起才能完成的事情。慷慨地展现你的人性。

- 努力做出贡献，而不是邀功。
- 支持并参与推动行动的过程，并使所有团队成员都能获得成长和成功。
- 与跑者、用户、合作伙伴、社群等所有人建立联系。
- 培养强烈的自我和情境意识，然后利用这些知识与人交往。
- 虚心聆听，清晰沟通，及时反馈，用心管理。
- 寻求不同的视角、观点、风格和身份；积极倾听反对意见。
- 接受事实，有时候你需要支持那些你不同意的决定。
- 给你的团队成员、合作伙伴和社群带来一些意想不到的、增加价值的东西。

永不止步：

跑步，或者每天想办法动起来。快乐是动态的。

- 保持活跃。动力是一种强大的力量，对你的健康和事业都是如此。
- 我们希望你留在这里照顾好自己，这样你才能每天展现出最好的自己。
- 用一种能让你周围的人过得更好的方式来践行乐观精神。
- 通过学习别人的经验来拓宽你的世界。
- 当你陷入困境时，请寻求帮助。
- 庆祝成功，并计划好下一步。
- 生命短暂，享受你的旅程。

图 7-2　布鲁克斯的品牌价值观

“永远不要浪费一场危机。”这句格言是有道理的，但有时也会显得陈腐。毕竟，建设企业文化是一项艰巨的工作，而且永远不会结束。毫无疑问，从2016年重塑高性能跑步业务以来，我们加强了品牌、企业和文化建设，但我们必须为此付出努力。自从把重点放在反映企业价值观的行为上以来，我们的文化优势调查结果每年都有改观。最具说服力的是，当进入因新冠疫情而居家工作的第四个月时，我们的文化得分在2020年上升了！团队变得更加强大，这是我们努力得来的结果。布鲁克斯的员工自愿离职率的目标是低于12%，但在2020年这犹如过山车般的一年中，这个数字降到了11.9%。

08

走上“与跑者共赢”的道路

RUNNING

WITH

PURPOSE

任时光流转，
让水流将我困住，
任时光流转，
如水在地下流，
再次沉入碧蓝而静默的水中

♫ 传声头乐队，《一生一次》*Once in a Lifetime*

2017年第三季度，我们的营收额又开始增长。德维尔的领导力发挥了作用，我们的鞋类团队在核心款式、合脚度、质量和像Revel这样的关键新产品方面表现出色，创造了我们多年来最强的产品系列。Revel系列快速、简洁、设计前卫，售价为100美元，这对新跑者来说更容易接受。我们把当时的市场描述为一场“你死我活”的产品大战，有几十个品牌和几百种产品在争夺跑者的注意力。一款产品要想突出重围，就必须在鞋的外观、合脚度、操控性上具备压倒性优势。

布鲁克斯吸引新跑者的能力又回来了。我们已经把旗帜牢牢地插在了高性能跑鞋领域中，并且每一个环节都在传达这一点。我们在数字营销方面也取得了进展，并最终实现了与全球最佳零售商合作的承诺。这是一个全新的、升级版的行动手册，它开始发挥作用。我们为品牌找到了另一个“飞轮”，我用这张图（见图8-1）与团队分享我们的发展势头。

图 8-1　布鲁克斯的品牌标志

描绘布鲁克斯的未来

随着我们在培育文化方面取得进展，很明显，我们还需要在规划过程中加强整合和协调，让所有人而不仅是领导团队的步调保持一致。毕竟，我们是一个大品类中的小型全球品牌。我们面临的挑战是如何以一个完全同步的团队姿态走向市场，把我们的产品和品牌故事生动地带到线上，带到成千上万的零售商那里，带到任何跑者跑步的地方。我们希望他们了解我们的技术，感受我们的品牌精神，这是对他们个人跑步的赞美，是跑者对跑者、人与人之间的赞美。

我们需要在更详细的路线图和行动手册上，让全球所有员工保持一致。我们称它为“描绘布鲁克斯的未来”。这份 14 页的文件定义了我们的三年计划，并试图将我们所有的举措整合在一起，从而促使每个人的计划保持一致。行动手册每年更新一次，将突出关键决定和优先级事项。它将推动我们的工作开展，为我们在世界各地的团队提供“贯穿的工作线”。这份行动手册面临的挑战是全面而有效地沟通，正如爱因斯坦所说，“任何事情都应该做到最简单，而不是相对简单”。

这份行动手册简明地阐述了布鲁克斯的独特机会，即建立一个有别于大型运动品牌的真正的跑鞋品牌。它提出了明确的长期目标，包括财务目标，用户、运营和文化指标。然后，我们详细说明了领导计划、资源分配和设置优先级的框架。出于需要，我们创造了一个笨拙的首字母缩略词 FLO-EEA-T。这是我们试图缩写三大支柱的内部表述，这三大支柱涵盖了布鲁克斯战略的各个方面：执着于用户需求、企业责任极致化和团队[①]。

尽管这个首字母缩略词可能不够简明扼要，但它的影响是巨大的。我们根据 FLO-EEA-T 来制订每个部门的计划和预算项目，让团队专注于重要的事情以及关键任务：

1. 执着于用户需求：将用户放在首位，因为他们就是一切。
    - 提供伟大的装备：鞋类、运动内衣和服装。
    - 以跑者为中心：连接、探寻潜在用户，转换市场执行——批发、直营、新市场。

① 这三大支柱的英文分别为 Front Line Obsession、Extreme Enterprise Accountability、Team。

2. 企业责任极致化：以盈利的方式经营业务，以加速品牌发展势头并创造新的“飞轮”。
    - 加强毛利率管理。
    - 优化库存。
    - 提升业务模型效率。
    - 加强风险管理。

3. 团队：创造可持续的文化和团队活力，以吸引能够年复一年成功执行布鲁克斯战略的人才。
    - 传递地球与人和谐发展的文化。
    - 强化联系在一起的文化。
    - 应相互包容和欣赏。

我们创建了一个网格来保存我们为团队所做的决定。在接下来的三年里，它们被确定为优先顺序，所以没有必要争论它们的排序。我们用以下框架对所有预算优先事项、战略、机会和计划进行了排名：

1. 战略关键点：从战略和商业的角度，对我们在这一领域的领导能力进行评分，以确保品牌长期或短期的成功。
    - 胜利：关键的成功因素——需要领导力和团队的聚焦以确保成功。
    - 竞争：需要在执行行业标准方面具有竞争力。可以采取循序渐进的举措。
    - 可执行策略：策略应在我们的业务和品牌的战略路线图

上，但要认识到我们需要在未来的某个时间内用确定的资源来执行。

2. 投资重点：我们需要确保资源集中在具有增量影响的特定领域，以获得成功。
   - 投资：在基线之上交付优先级事项所需的增量资源。
   - 维持：资源与销售额的百分比保持一致（可变成本），或与员工人数和管理费用的通货膨胀率保持一致。职能部门内部的组合根据优先事项进行优化。
   - 规模扩张与业务剥离：需要减少这一举措或支出，以便将资源转移到关键的优先事项。

3. 排序优先级：没有一家企业可以同时做所有事情，因为财力、人力、系统和带宽都不允许。布鲁克斯的目标是对未来三年的投资和项目进行排序，以最大限度发挥影响并降低风险。

这个框架在消除各部门的患得患失心态方面起到了很大的作用。所有决策、资金和员工编制，都将根据既定标准进行评分。它极大地简化了决策过程，并推动了协调和整合。

对于新加入团队的成员来说，行动手册是一个重要的工具，可以帮助他们学习和理解计划方案，并将其与品牌、业务和文化的大环境联系起来。FLO-EEA-T 在布鲁克斯落地生根了。

布鲁克斯签约运动员赢得波士顿马拉松冠军

对布鲁克斯和美国的长跑爱好者来说，2018 年 4 月 16 日是一个难忘的日子。这是波士顿马拉松赛的第 122 场比赛。鉴于参赛选手必须满足资格预审标准，波士顿马拉松赛被广泛视为世界年度马拉松比赛的巅峰赛事。布鲁克斯有几名实力强劲、备受关注的跑者站在了起跑线上。最有可能获胜的两名选手是美国人德斯・林登（Des Linden）和沙德拉克・比沃特（Shadrack Biwott）。这对我们来说意义重大，因为还没有布鲁克斯签约运动员登上过该赛事的领奖台。

完成一场马拉松，尤其是精英级别的马拉松，需要围绕训练、营养、睡眠等方面订制计划，进行精心准备。高性能装备的选择至关重要，因为在 26.2 英里的路程中，一个错误的针脚或错位的弯曲槽都可以造成登上领奖台和未能完赛的差别。虽然跑者可以控制一些因素，但正如所有长跑运动员周知的那样，尽管准备工作做得很完美，但在比赛当天，你永远无法控制的一个因素就是天气。那一年，波士顿马拉松赛给了我们一记重击——天气非常恶劣，大雨滂沱，寒风刺骨，气温接近冰点，甚至还有冰雹。《波士顿环球报》（*Boston Globe*）称，这是“波士顿马拉松赛有史以来最糟糕的天气”。

波士顿马拉松赛通常在周一举行，这一天是马萨诸塞州特有的爱国者日。但严格来说，这天仍是一个工作日。在西雅图的布鲁克斯总部，很多员工都将心思放在了 3 000 英里外实时展开的这场标志性比赛上。他们拿着笔记本电脑，聚集在我们“Beastro”公共区域观看波士顿马拉松赛。这场比赛规模浩大，使得比赛现场之外的布鲁克斯总部里正在召开的月度业务总结会安排得很不合时宜。当时大约有 30 个人坐在会场，我们都心不在焉。不久之后，大多数人的注意力很明显地从会场前面的演讲者，转移到了他们的笔记本电脑或智能手机上。每个人都在查看现场比赛结果。当林登在距离终点还有 4 英里时已取得领先地位时，我们知道会议结束了。最终，我们请演讲人暂停一下，把会议议程放在一边，让一位偷看比赛的总监，将他正在笔记本电脑上观看的比赛视频投影到会议室大屏幕上。所有人的目光都被吸引住了。林登穿着我们的旋风跑鞋和我们的 Canopy Jacket 帆布夹克。

布鲁克斯签约运动员德斯·林登赢得了 2018 年波士顿马拉松赛的冠军，成为自 1985 年以来第一位获得该奖项的美国女性。她比第二名选手提前 4 分钟冲过终点线。比赛当天，滂沱的大雨、极低的气温和接近 8 级的大风对选手来说是严峻的考验。

资料来源：Justin ritton。

她独自一人跑在前面。

最终，林登以 2 小时 39 分 54 秒的成绩冲过终点线，虽然距离赛道纪录和她自己的个人最好成绩还差得很远，但她还是比第二名领先了 4 分多钟。这是布鲁克斯和美国长跑爱好者的胜利，因为林登成为自 1985 年以来第一位获得该赛事冠军的美国女性。的确，永远不要放弃。沙德拉克·比沃特则以 2 小时 18 分 35 秒的成绩冲过终点线，成为美国第一位获得该比赛第三名的男子完赛选手。

布鲁克斯服务于所有跑者

2016 年，我和顾问委员会委员长塔玛拉·希尔斯与贝斯·诺克斯（Beth Knox）一起，坐在布鲁克斯的公共区域。诺克斯是我的老朋友和商业伙伴，她曾组织过几次大型社群赛事，其中包括一些跑步比赛，布鲁克斯经常参与其中。诺克斯告诉我们，她已担任 2018 年夏季在美国西雅图举行的特殊奥运会（以下简称“特奥会”）的首席执行官，特奥会主要在华盛顿大学校园举行，距离布鲁克斯总部只有 2 英里。她了解我们的品牌价值，希望布鲁克斯作为合作伙伴加盟其中。

这届特奥会以“与我们一起崛起”为口号，希望通过这一世界级比赛展示出残障运动员的能力，并通过体育宣传包容的思想。对布鲁克斯来说，这是一个向所有跑者展示我们企业价值观的绝佳机会。我们知道布鲁克斯必须参与其中。

我们的伙伴关系权益是多方面的，在赛事中我们发挥了激活和链接方面的优势。我们的跨部门团队还设计了限量版的2018年美国特奥会系列装备，其中包含捐赠回馈组件。我们还把特奥会运动员带进布鲁克斯野兽队，围绕运动员、装备以及更广泛的特奥会社群，用体育精神凝聚所有人，创造丰富的讲故事的机会。此外，300多名布鲁克斯员工以志愿者的身份来到特奥会现场，把我们的能量和我们的价值观人性化地表达出来。这是一种真正的合作关系，这种价值观在跑步社群、4 000多名运动员和教练、10万名现场观众，以及在为期6天的比赛中通过ESPN和ABC观看直播的50万粉丝之间产生了强烈共鸣。直到今天，在表达布鲁克斯对支持所有跑者的承诺方面，这仍然是员工最感慨和自豪的时刻之一。

供应链优化项目受挫

2018年底，我们再次实现了顺风顺水的发展。布鲁克斯战略正在发挥作用，从2017年7月（整个品类陷入困境两年后）开始的发展势头开始加速。我们通过吸引新的跑者实现了增长，并公布了创纪录的业绩：营收达到6.44亿美元，增长了26%，利润、资本回报率和市场份额都创了新高。当时，布鲁克斯在美国排名第二，份额为12.7%，仅次于耐克。

每年3月，我们都会参考皮尔斯伯里工作手册，发起一项场外战略研讨会，围绕未来的机会、趋势和发展制定议程，以评估和调整我们的“描绘布鲁克斯的未来”计划。我们经常邀请董事会的顾问参与其中，并定期邀请一位董事会成员就相关经验与我们分享他或她的智慧。

2019 年，我们的重点是扩大规模。过去，布鲁克斯迎来的每一个里程碑，都离不开系统、流程和计划的适时升级与重组。这次也不例外，重组首先从我们的所有领导者的工作职责开始。我的工作同样要求我有所改变和成长，因为企业需要一个在不同阶段拥有不同思维模式和技能的首席执行官。根据企业和团队的需要，我的职责从 1 亿美元到 3 亿美元再到 5 亿美元，发生了巨大的变化。我确信，成功地带领团队扩大规模，需要我在 10 亿美元以上的规模中不断拓展。

由此，2019 年 3 月，我邀请了我们的新董事会成员达雷尔・卡文斯向高级领导团队发表演讲，介绍将企业规模扩大到 10 亿美元需要做些什么。卡文斯是一位名人堂级别的企业家，他在西雅图联合其他创始人创立了 Zulily，并在 5 年多一点的时间里将这家电子商务企业的销售额提升到了 10 亿美元。随着卡文斯对布鲁克斯的了解逐渐深入，和我们一样，他也看到了布鲁克斯成长的机会。但他很好奇，我们是否知道如何才能成功实现规模增长。

我们围坐在会议室的桌子旁，迎接一整天会议后的晚餐对话。这是一个充满活力的夜晚，大家就建立何种战略进行了富有挑战性的讨论，以制订实现我们目标的行动计划。卡文斯非常清楚地说明了随着企业的不断成长，事情会发生怎样的变化。复杂性会以指数级增长。这就说明，你的运作方式得是阶梯函数，对你今天所知道和所做的事情进行线性推断是行不通的。我们的领导团队问了很多问题，卡文斯连一口饭都来不及吃。他一直在挑战我们，让我们更开放地思考更多问题而不仅仅是扩大规模。我们当时还不知道，我们的第一个教训将在 6 周后开始。

2016 年，我们启动了供应链优化项目，以取代位于华盛顿州萨姆纳的配送中心，该中心的租约将于 2019 年 7 月到期。从一开始，这个项目就专注于复制和扩展布鲁克斯的商业模式，同时缩短产品的交付周期并降低成本。我们启动这个项目的主要目的是在中西部地区设立配送中心，以提高用户服务水平，减少货运和运营成本，并减少我们的碳足迹。决定这个项目成功与否的一个关键因素，是能否避免对用户造成任何干扰。我在 2017 年对产品发布团队所做的一次演讲中，解释了我们不会在用户身上测试新系统。我们都十分清楚，当竞争对手转移配送中心时，行业内曾发生过崩溃的情况，我们确信布鲁克斯会是个例外。很明显，与花时间提前做好准备相比，一个麻烦不断的系统在用户和员工方面的成本要高得多。为了这个项目，团队选择了强大的、经验丰富的合作伙伴来指导我们进行设施开发、仓库管理系统设计、仓库设备和自动化规划。

最终，我们选择了印第安纳州怀特镇印第安纳波利斯郊外的一处地方。供应链优化项目需要进行 6 个多月的测试，以确保该设施能够在不中断的情况下正常运行。对我来说，这似乎有点小题大做，但这是系统启动时的保险之举，以避免因故障而影响用户体验的情况出现。

布鲁克斯的首席运营官霍尔格·穆勒（Holger Mueller）规划了这个

项目，但不幸的是，他在2017年夏天被诊断出患有前列腺癌四期。他一开始还很忙碌，但随着治疗的深入，他的健康状况开始恶化，团队开始接手更多工作。不幸的是，他于2018年12月去世。这对于我们的团队来说，是巨大的损失；对于他的妻子和3个年幼的儿子来说，更是毁灭性的打击。穆勒为布鲁克斯做出了难以估量的贡献，他使我们的业务变得更加专注和严谨。他在壮年时的不幸去世，再次提醒了我们生命短暂，要珍惜和享受沿途的旅程。

现在，离预定的配送中心过渡日期还有5个月。供应链优化项目的跨职能团队，由来自所有相关部门的15位主要负责人组成，他们加快了该计划的推进。

在完成了200多次测试并将系统置于压力下后，在系统切换前，所有的灯都是绿色的，大家信心爆棚。在此期间，项目指导委员会简短地讨论了同时运营两个配送中心可能出现的问题。由于在系统中开发两个库存极为复杂，同一订单可能会收到两批不同货物，这会对潜在用户造成干扰，该方案被拒绝了。这个决定后来被证明是一个关键性错误。对布鲁克斯来说，幸运的是，我们长期以来的主要领导人之一丹·谢里登在2019年初被提升为首席运营官，负责运营布鲁克斯的全球业务。谢里登于1998年以技术代表的身份加入布鲁克斯，曾负责制定布鲁克斯的分销策略、与团队一起开发用户、重新构想基层技术代表计划，并制定布鲁克斯的多渠道数字和电子商务战略。作为首席运营官，谢里登在过渡到新配送中心的两个月前，空降到了这个岗位上。这将是我们所有人在危机管理方面上的重要一课。

2019年4月底，我们已搬到位于印第安纳波利斯的新工厂。5月的第二周结束时，我们意识到布鲁克斯正面临着一场巨大的灾难。自动化系统的原定规格是由70名左右的员工每天负责出货45 000个单位。然而，我们每天的实际出货量还不到6 000个单位。未交付的订单开始堆积如山。直到7月，我们才完成第二季度订单的约50%。我把我们的新配送中心称为“诺克斯堡”。在货架上，我们有300万美元的库存无法及时取出。每个鞋盒都象征着两张20美元利润的钞票，零售商对我们无法直接发货感到惊讶。有了满足需求的产品，却不能持续发货，这让人非常痛苦。

这场失败对于一个以为用户服务而自豪的团队来说是很痛苦的，因为之前我们一直在为用户提供准时和完善的服务。布鲁克斯在历史上几乎赢得了专业和体育用品零售商的每一个服务奖项。我们为自己在它们中间建立起的信任感到自豪。但发不出货对我们来说是一个很大的打击。这将是一场为期6个月、需要全体员工齐心协力去应对的危机，唯此，方能不辜负我们在市场上曾经创造的增长。我们怎么能允许这种事情发生呢?

究其根本，我在第一个月就已清楚，这次失败源于我的领导失误。我们建立了一个新的设施，配备了新的系统、自动化管理工具和员工，我们希望它能够发挥作用。但它注定会失败，因为它的设计有一个关键缺陷：它根本无法执行布鲁克斯的独特业务模式，即在两周内向数千家零售商发出大量产品的同时，还能应对每天数千笔小额订单和需要在一天内周转的电子商务订单。尽管“专家顾问”进行了严格的分析和设计承诺，但该设施却无法做到这一点。我们不得不拔掉大部分系统的插头，以手工的方式去化解设施缺陷。

虽然这些问题本应该提前预见到，但真正的错误是没有同时运行这两个设施至少 6 个月。我们承担了太多的风险，而没有做到正确评估。在我们挣扎的最初几周，人们开始互相指责，试图找到应该被指责的内容或对象。我知道这是在浪费精力，于是我公开向员工、用户和老板承担了这次失败的责任。这对我而言是痛苦的，却是诚实且必要的。

当我们在 2019 年结算账目时，我们的营收实际上增长了 3.5%，达到 6.67 亿美元。利润与前一年基本持平，但我们还有大约 7 000 万美元的订单没有完成。到 2019 年底，我们已经有 300 多人在“三班倒”地工作，而如果不出问题，原本只需要 70 人一班就能满足我们的发货需求。这是一个令人羞耻而深刻的教训。

随着我们业务的不断增长，它对能力的要求一定不是简单的线性增长，而是一个呈阶梯函数状的几何级增长。达雷尔·卡文斯在 9 个月前的直觉是有先见之明的。

以“恢复跑步”计划成功应对全球疫情危机

随着 2019 年第四季度盈利恢复到了两位数的增长，我们以积极的计划和强劲的势头进入了 2020 年，我们在很大程度上满足了用户需求，并兑现了我们的服务承诺。新的一年，我们计划实现约7.7亿美元的营收，并对我们的产品、品牌定位、营销引擎和团队充满信心。但我们需要表现得更好。印第安纳波利斯配送中心的崩溃让我们高度关注整个团队的执行力。2020年1月，我与IDEO的克拉克·施费（Clark Scheffy）通了电话，他正在游说首席执行官就新的10年进行展望。我和他分享了全球经济强劲发展的情况，随着2018年减税政策的实施，美国经济已从稳健增长转向了强劲增长。但这感觉有点像2008年——事情发展得如此之快，似乎难以为继。我担心会有“黑天鹅事件”发生，正如今天许多商界人士所描述的那样，这是一种罕见的、不可预测的、具有全球性后果的灾难性事件。有很多问题值得关注，包括全球贸易的紧张局势、货币政策、高债务水平、政治不稳定、收入不平等、气候变化、种族主义、暴力加剧以及慈善机构的无所作为等。

但我没有料想到新冠疫情的暴发。

2020年是奥运年，马拉松选拔赛将于2月下旬在亚特兰大举行，田径选拔赛将于6月在俄勒冈州的尤金举行。在马拉松选拔赛中，我们邀请了运动员、教练、有影响力的人士、零售商和媒体合作伙伴等各方人士，就跑步和布鲁克斯的所有事情进行了几天的小组座谈和讨论，话题包括：在波士顿举办的“Des穿了什么”活动，重点介绍我们的Canopy Jacket；早期版本的Hyperion赛车鞋；与基思和凯文·汉森合作的《汉森ODP 20年》；以及与布鲁克斯员工和来自美国各地的主要零售商一起展望体育和行业的未来。我们占领了亚特兰大市中心的一块场地，我们称之为“海珀里昂之家”，这里距离周六早上比赛的起跑线和终点线只有几个街区。男女前三名的选手将代表美国参加东京奥运会。

布鲁克斯的签约运动员没有进入前三名。德斯・林登错失良机，以2小时29分03秒的成绩名列第四。尽管如此，但这已经是她第14次跑进2小时30分，这是一项美国纪录。克莱顿・“CJ”・艾伯森（Clayton “CJ” Albertson）是第一位到达终点的布鲁克斯签约男运动员，他以2小时11分49秒的成绩获得第7名。布鲁克斯整体表现良好，超过10%的运动员均穿着新推出的旋风2代跑鞋，该鞋采用了碳弹簧且充氮中底。亚特兰大选拔赛对这项运动、整个行业和布鲁克斯来说，都是令人难以置信且激动人心的一年的开始。几天后，正如世界上每个人都知道的那样，新冠疫情阻止了我们所有人前进的步伐。

新冠疫情在全球范围内造成了持续的健康和经济双重危机。凭借布鲁克斯的全球供应链和分销渠道，我们看到了这种病毒在亚洲、欧洲和北美的迅速传播，并观察到了它对人和企业的影响。伴随着需求变得低迷和店铺相继关闭，整个现金流被冻结住了，除了电子商务销售。3月中旬，布鲁克斯在欧洲、中东和非洲地区的门店相继关闭后，总经理马特・道奇（Matt Dodge）制订了一项工作计划以应对危机。他将这项计划命名为“恢复跑步”。我们在全球范围内执行了这项计划，第一步就是了解新冠疫情对人们跑步参与度和需求的影响。

布鲁克斯的领导团队挺身而出，带领我们的员工一起支持“恢复跑步”计划。尽管远程工作模式在一年后仍然存在（当时我们很难想到），但我们的团队和流程在中断期间仍然保持着专注，并持续地运作着，这是我们确保执行能力的关键。2020 年 4 月，当个人和企业的结果尚不明朗、不确定时，我们已经在削减生产计划，以避免库存积压。

对布鲁克斯来说，伯克希尔的所有权是在不确定时期助其渡过难关的一个强大优势。现金流危机是真实存在的，我们的期望也很明确，那就是靠自己的资产负债表来生存。当然，如果我们的现金用完了，伯克希尔会站在我们身后，但我们会像拥有它一样管理我们的生意。伯克希尔副董事长格雷格·阿贝尔为巴菲特管理所有非保险业务。我向阿贝尔更新了我们的“恢复跑步”计划，以及我们试图评估的所有决策，以便在疫情冲击经济的第一阶段生存下来，并在我们知道跑者会跑步、零售业会以某种形式复苏时，到达另一个阶段。阿贝尔分享了伯克希尔的其他业务和他们为生存所做的事情，包括大幅削减成本和缩小规模，以使成本与现实相匹配。他给我的建议是“跟随你的用户”。这是关键的指导，因为它给了我信心和勇气，让我对裁员和削减开支保持耐心，直到我们看清疫情将如何影响我们的运动和跑步为大家提供的健身之道时。我们行业的许多首席执行官以及一些媒体都把这场疫情看作一个“砍掉朽木”的机会，他们认为每家企业都有应该终止聘用的人员或正在推进的方案，但在正常时期，自满或懒惰阻止了企业采取相关行动。

布鲁克斯的情况并非如此。我们花了数年时间打造团队，从西雅图竞争激烈的市场和跑步行业中招募关键人才。与此同时，我们一直在努力培养我们的员工，并使所有员工与我们的战略、计划和价值观保持一致。裁员对任何人来说都不是一件愉快的事情，我想保护我们多年来对团队进行的投资。我们的用户和我们业务的一切都来自 1 000 名员工每天的努力、创造、激情和奉献。每个人都在划桨。我一想到要在我们已经取得的团队建设进展的基础上再倒退几年，就感到非常痛苦。

当时，我们相信，人们很有可能在疫情期间继续跑步。当经济大衰退袭来时，我们就看到过这种情况，跑步成为人们度过艰难时期的一种方式。当身心健康成为人们首要关注的问题时，跑步、散步和户外徒步都是保持社交距离和呼吸新鲜空气的有效活动。人们对跑步的参与度真的会提高吗?

由于零售店、体育赛事和公路比赛都关闭了，我们没有收到以往的需求信号。我们的团队立即行动起来，根据所有新的信号创建了跑者参与和产品需求模型。我们的跑步洞察实验室创建了焦点小组，旨在了解当前跑步习惯的变化，以及那些自停工以来刚开始跑步的人的状态。此外，我们的团队还收集了所有能从业界和 Strava 等企业找到的活动数据。我们分散在市场上的“布鲁克斯专家”每天都会在同一时间的人流量大的公园里设点，统计跑者人数。我们分析了美国 80% 的分销网络的每周销售数据，并跟踪了数字销售与店内销售的占比。

我们的运营团队根据所有新信号，制订了一个需求计划，这使我们有信心重启生产，为实现同比增长扩充库存。到 5 月中旬，我们有信心再次看到增长。我们努力在布鲁克斯的跑者信号建模中创造更高的精度。对我们来说，这是一个关键优势，能够证明我们对跑者的精准关注。我们预测休闲、时尚等产品在疫情期间的销售会很困难，但在跑步中，活动会推动购买，我们的痴迷让布鲁克斯在快速行动中占据了优势。

我们还做出了其他关键决定，事实证明，这些决定不仅对人们抵御居家带来的早期身心冲击至关重要，对企业保持灵活性和精准评估需求，以迅速复工复产同样至关重要。虽然草根营销、赛事营销和零售营销都暂停了，但我们决定增加对跑者数字需求创造的投资，在他们准备购物时提高在线参与度。我们的产品团队继续推进产品开发日程，而销售部门则将产品线精简为核心风格和统一色系。销售和运营规划团队努力创造一个由跑者信号驱动的综合企业级焦点。布鲁克斯采取了更为积极的措施来管理生产，以此满足需求，确保 2021 年实现产能增长。初夏，我们每周举行一次全体会议，让员工、合作伙伴和销售团队参与到我们的机会、现实、行动和信念中来，同时推进“恢复跑步”计划。在疫情不确定的早期，我们很好地渡过了难关，这是阿贝尔要求我们追随用户的成果。一旦我们看到需求，就可以大胆采取行动。

由于我们对跑者的高度关注，布鲁克斯成功地应对了 2020 年的经济收缩——鉴于其意想不到的挑战，这一年将永远铭刻在我们的记忆中——收入接近 8.5 亿美元，增长了 27%，打破了历史纪录。更重要的是，我们为应对跑步市场的增长和获得市场份额做好了准备。

对于我们在 2020 年取得的成功，最好将其放在过去几年的背景下来看待，具体要从 2016 年宣布“性能是永恒的”开始。这一支点使布鲁克斯走上了一条“与跑者共赢”的道路（见图 8–2）。

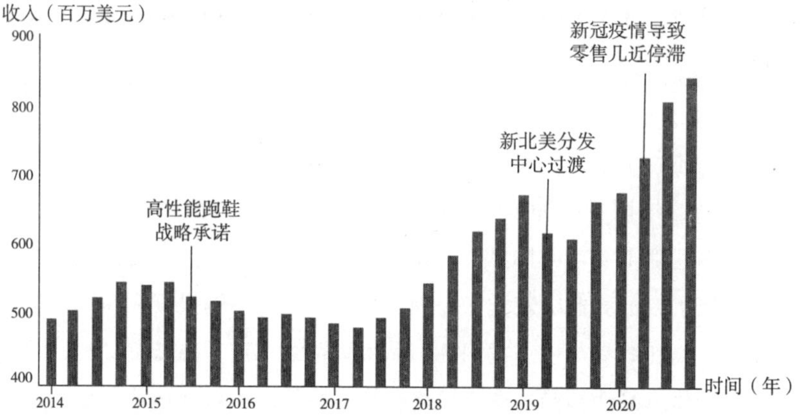

图 8-2　2014—2020 年布鲁克斯季度滚动收入趋势图

当我们进入 2021 年时，我们比以往任何时候都更加乐观，相信跑步的力量可以使人们的生活变得更好。这场疫情使人们更加关注个人健康和运动，跑步已经准备好了发挥其核心作用。布鲁克斯的产品是为你在一次酣畅淋漓的跑步后所感受到的能量而专门设计的。因为我们追随我们的用户，没有裁员，没有削减营销，也没有破坏我们的供应链伙伴关系，我们将行业领先的势头带入了新的 10 年。

在 2020 年 2 月的年度全体员工视频会议上，我们重温了过山车般的一年，并庆祝了我们所创造的成绩。然后，我们提出了布鲁克斯 2021 年的计划——预计全球营收将达 10 亿美元。在未来的一年里，我们将实现 10 年前这个品牌曾提出的疯狂野心。

09

遭遇“撞墙”，你需要一个计划

RUNNING
WITH
PURPOSE

不怕委曲求全，
不怕半途而废，
你最好知道到了最后，
即使说了太多，
也比从不发出内心的声音要好

♫ 约翰·梅尔，《说》*Say*

我没在逃避，
我的脑海一片空白，
我的内心漆黑一团，
但我看见了有东西在闪耀

♫ 格雷戈里·阿兰·伊萨科夫，
《第二次机会》*Second Chances*

2017 年 11 月 6 日，我在西雅图举行的全球销售会议上为数百人做开场演讲。当时，布鲁克斯已经渡过了难关，并将在 2018 年再创纪录。我们的品牌越来越火，企业以全速前进。会议上，我很荣幸地邀请盖布·格伦瓦尔德（Gabe Grunewald）上台，就她作为职业跑者，在过去 8 年中与罕见的癌症作斗争的史诗般的历程接受访问。布鲁克斯签下了这名明尼苏达大学田径场上最有活力的年轻天才之一。她后来在世界各地参加了多个高级别比赛，赢得过全美冠军，并在 1 500 米和 3 000 米赛跑中取得佳绩。一直以来，盖布总是以两种身份活跃在公众视野中：一种是跑者，另一种是癌症斗士和社会活动家。2009 年，作为明尼苏达大学的学生运动员，她首次被诊断出患有腺样囊性癌。有时，她虚弱得连一步也跑不动。但盖布一直是一名顽强的斗士，她的坚毅和积极的精神激励了很多人，直到她 2019 年去世。

我那时还不知道，就在那次演讲 31 天后，我正式加入了“癌症俱乐部”。

加入“癌症俱乐部”

那几个月来，我一直感觉不舒服，胃部总有一种挥之不去的灼烧感。我几乎因疲劳和虚弱而倒下。那年秋天，我报名参加了华盛顿大学的 Dawg Dash 10K 比赛，这是由布鲁克斯赞助的年度校园趣味长跑。我通常会根据自己在比赛结束时的感觉来进行自我评价，但无论以何种标准衡量，这都是我表现最糟糕的一次。爬坡的时候，我不得不选择走路，根本无法集中精力跑完比赛。我知道自己的身体出问题了。我该去看医生了。

经过几周的检查，在排除了胃病、胃酸反流和胃溃疡等可能性后，最终我被安排做内窥镜检查，以便进行更细致的分析。这是一个在麻醉状态下进行的住院手术。玛丽和我于 12 月 7 日去了奥弗莱克医院。我的手术是当天的最后一个。不久，我就在康复椅上醒来。我看到医生在打电话，与在我之前进来的病人聊天，交流他们的检查结果。我捕捉到他穿过护士站投来的目光，但他迅速低下头，继续查房。我有一种感觉，那一刻，他看起来比我预想中的更严肃。当天下午 4 点 45 分左右，他拿着我的检查图像走到我和妻子面前，面无表情地直接公布了消息。

“我有个坏消息要告诉你，”他说，“你的食道和胃的交界处有一个大约 2 英寸的肿瘤。我有 99% 的把握这是癌症，更确切地说是食管癌，你需要一名外科医生。”这些话严重打击了我。我的哥哥就死于脑癌。我看了看我的妻子，玛丽的脸垂了下来，一瞬间充满了悲伤和恐惧。

当时，医生已经和华盛顿大学的外科医生通了电话，他会把我介绍给他们中的一位。后来我才发现，华盛顿大学是治疗这种癌症的全美中心，事实上，在过去30年里，它开创了许多治疗方法。这里的医生，不仅有化疗和放射肿瘤学家，而且他们还与西雅图癌症护理联盟（SCCA）进行合作，这得益于他们与世界知名的福瑞德·哈金森癌症研究中心（Fred Hutchinson Cancer Research Center）的良好关系，该中心也位于西雅图。每年，华盛顿大学的外科医生都会进行70多次我将接受的这种复杂的食管切除手术。

回家后，我上网搜索并研究了食管癌和相关的治疗方法，包括食道切除术的手术过程。通常情况下，这种癌症的5年生存率都很低，我有20%的概率在5年后还活着。同样令人望而生畏的是，食道切除术是一项极其复杂的手术，被列为病人应避免的十大手术之一。我与华盛顿大学的护理团队约好下周见面，所以我们还有一个周末的时间来消化这一切。根据医生的嘱咐，我现在要吃流食，因为肿瘤有造成食道阻塞的风险。

我加入了一个没有人愿意加入的俱乐部，但这个俱乐部对成员的支持是令人舒适和放心的。一旦你的诊断被知晓，它的子类别成员就会出来分享故事并提供帮助。当我路过布鲁克斯的比阿斯特罗餐厅时，了解我病情的员工就会走过来告诉我他们自己的故事，或者他们的家人、朋友战胜病魔的故事。这是一个俱乐部，也是一个兄弟姐妹会。

布鲁克斯的一名长期签约运动员兼员工西尔维娅·鲁格（Silvia

Ruegger），几乎和我在同一时间被诊断出患有与我相同的癌症。她是加拿大人，28 年来一直保持着加拿大马拉松比赛的纪录。她赢得了休斯敦和匹兹堡马拉松比赛，并代表加拿大参加了 1984 年奥运会。这些年来，她给了我难以置信的灵感。她的使命是支持女孩和妇女跑步，这帮助布鲁克斯创造了舒适的运动内衣。不幸的是，2019 年，她在与癌症的斗争中失败了。

玛丽给我们的 3 个儿子打电话，告诉他们我患癌的消息。这是一个很大的打击，但也是我们所有人现在必须面对的。当我开始接受这个消息时，在某种程度上其实是平静的。我很幸运能在布鲁克斯有一份工作，实现了所有的职业愿景和目标。在成为团队的一员和建立品牌的过程中，我觉得我拥有了自己梦想中的工作。一路走来，我遇到了很多伟大的导师，结交了很多很棒的朋友。此外，我和玛丽结婚已经 35 年了，事实上，我们成为最好的朋友已经将近 40 年了。我为我们的孩子们和他们为自己创造的生活感到无比自豪。最棒的是，我的大儿子迈克尔和他的妻子凯西有两个孩子——蒂根和德克兰；我的二儿子乔尔和他的妻子玛丽莎给我们生了第三个孙子——列侬；我最小的儿子里德也走上了人生的正轨。我非常感激我所拥有的生活，可以说，我的人生没有什么遗憾。

做自己，不被癌症所定义

如前所述，当时局艰难时，人们的真正价值往往会显露出来。我不得不认真地对这个理论进行压力测试。当我处理自己的情况时，我确定自己不想生活在恐惧中，哪怕只有一天。前面的旅程充满了未知，但我坚信生命就是这段旅程，我想要最大限度地利用每一天，不管还剩下多少天。那么，我所说的生命是一段旅程，这是什么意思呢？对我而言，这不是终点线的问题，它是到达终点线时所付出的一切带来的满足感。我发现，一旦你赢了，对胜利的满足感和胜利本身转瞬即逝。我喜欢赢，但我知道，一个真正快乐和有意义的生活，来自你一路走来与他人之间的交往。

对我影响最大的一本书是维克多·弗兰克尔（Viktor Frankl）的《活出生命的意义》。书中，他记录了第二次世界大战期间自己在纳粹集中营的生活。一名囚犯如何描绘自己的未来，这会影响他的生存能力。弗兰克尔观察到，生活不仅仅关乎幸福，还关乎意义和影响。你是生活在对可能失去的东西的恐惧中，还是为可能拥有的东西而战？我不要生活在恐惧中，而是要向前看，因为我相信明天就在那里——为了我的儿子们，为了我的孙子们，为了我的妻子，为了和我一起工作的人。

经过反思，我很快得出结论，我正在做的正是我此时此刻想要做的事情。我不打算缩小我的世界，也无意退休去旅行、打高尔夫球或做其他事情。我想尽可能长时间地维持我生活的所有方面。

我不想被癌症所定义，不想让它主宰我的生活。我想做自己——首席执行官、队友、丈夫、父亲、爷爷、跑者、退役的冰球运动员、董事会成员、朋友。我不想每天都带着对癌症，或者对我不得不失去一切的恐惧而生活。事实是，我有很多东西要失去，但在我看来，执着于这些东西是没有价值的，因为这会让我感到悲伤和痛苦。这会消耗我的精力和时间，而我本可以把这些精力和时间花在我应该享受的事情上。

当我开始接受自己的处境时，我很快发现，这对我妻子和孩子们来说实际上是一个更大的情感打击。对我来说，理性地接受我的癌症是一回事，但他们——包括我的孙子们——可能不得不在没有我的情况下继续生活下去，这是人们对失去亲人的恐惧的根源，这是不可能忽视的。于是，我当时就决定尽我所能地去与癌症抗争，争取活得更久。我需要战胜这种癌症，成为 20% 活过 5 年的人之一。

我需要一个计划。

一旦走出震惊和恐惧，我很快就开始拟定一个计划。多年来，每当我陷入困境，没有明确的道路时，我经常焦虑到无法入睡。无论是在工作中还是在生活中，一旦问题出现，紧迫感就会袭来，我的大脑就会开始为解决问题而制订计划。很明显，治疗必须成为我的第一要务。我相信我一直宣扬的理念：生活中的一切美好都源于健康。我得集中精力把癌细胞从我的身体里赶出去。

就在确诊两天后，我焦虑的思绪转向了布鲁克斯。我该如何和团队一起处理我患癌这件事？我一直都在全身心地投入工作，所以我的日程安排或健康状况的任何变化都不可能被隐瞒。我每天都要去接受治疗，我很清楚，化疗和放疗的副作用可能包括极度疲劳、恶心和脱发。

我的体重早已经开始下降，在化疗期间摄入足够的热量将是一个额外的挑战。

更糟糕的是，如果我在部分或全部治疗计划中完全无法工作怎么办？如果我要请几个月的病假怎么办？我还会有工作吗？企业是否会为了自身和团队的利益而继续前进？那将是一个可怕的结果。我可能在一场艰苦的斗争后战胜癌症，却不得不在58岁的时候失去工作。对我来说，被踢出团队是一件可怕的事情。

为了想明白我该如何与同事沟通我的病情以及如何解决我的健康问题，我将第一个电话打给了夏洛特·盖曼，她既是布鲁克斯的顾问委员会成员，也是伯克希尔的董事会成员。她之前还担任过华盛顿大学医学中心董事会主席，正因为如此，她帮助我明确了要在正确的地方与正确的团队一起进行癌症治疗。盖曼感同身受，也很支持我。她确信巴菲特也会这样想。

星期天早上，也就是我确诊后的第三天，我打电话给巴菲特，讨论了我的困境和可能的治疗方案，并就我在治疗期间应如何管理布鲁克斯的问题征求了他的建议。我也和他分享了我对康复后可能会失去我所爱工作的恐惧。他也分享了很多，并建议我要向所有人坦白我的癌症病情——隐藏它是没有意义的。他一年前刚刚接受了前列腺癌的治疗，因此很了解放疗和化疗带来的疲劳。巴菲特建议我参考摩根大通首席执行官杰米·戴蒙（Jamie Dimon）在被诊断出喉癌后所选择的与外界沟通的方式。最后，巴菲特建议我把恢复健康作为首要任务，与布鲁克斯团队坦诚沟通，告诉他们我正在接受治疗。同时，巴菲特也告诉我不要担心，当我的身体恢复健康时，工作还在那里等着我。

在巴菲特和盖曼的支持下，周日下午（2017 年 12 月 10 日），我给布鲁克斯高级领导团队写了一封电子邮件：

很抱歉在星期天打扰大家，但我想尽快让大家知道一些我个人的消息。上周四，我做了一次手术，在我的食道和胃的交界处发现了一个明显的肿瘤，医生 99% 确定是癌症。这周我还有更多的检查要做，并将于周四与医生会面，开始制订治疗计划。当然，治疗计划包括手术以及可能的化疗和放疗。这对我和我的家人来说当然是一个打击。自今年 10 月 1 日以来，我一直感到不适。但话又说回来，跑得越来越慢已经是身体发出的信号了！我从未想过，这可能不仅仅是一种季节性疾病。但生活就是一段旅程，所以，我出发了。

如果可以选择，我会选择保守秘密，低调处理并战胜它。我的冰球运动员经历让我养成了一种顽强、专注、坚持和永不放弃的态度。但是……我是团队的一员，治疗需要从我的日常安排中抽出时间。在即将到来的星期五之前，我不确定接下来的 60 ～ 90 天会是什么样子。我的愿望是留在工作岗位上，并在必要时进行治疗。少出差，加强授权和委派，因为我将缺席会议。

至于我的具体计划到底是什么，现在说还为时过早。

我已经和巴菲特和盖曼讨论了我的情况，他们都支持我。

我很自豪成为布鲁克斯团队的一员，我热爱这家企业。在我生命的下一个篇章，我请求你们的支持。我被盖布·格伦瓦尔德激励着，希望我能像她一样勇敢。

本周，我的检查和医生问诊时间会安排在周二上午7：00—10：00、周四12：45—17：00和周五上午7：00—11：00。在我周五知道更多信息之前，我请求大家只在我们的高管团队中知晓这一消息。我知道，一旦开始治疗，隐瞒是不现实的，所以我将在下周跨越这座桥，与团队进行更广泛的沟通。

提前感谢大家的理解。

那周四，我和医生团队见了面，他们将带领我完成即将到来的战斗。这个计划包括从1月开始的为期7周的化疗，以及每天27次的质子放射治疗。所有这些都是为了攻击癌细胞，特别是那些可能已经扩散到我的身体其他系统的癌细胞。

接下来，我会休息8周，让我的身体逐步恢复，重新获得力量。4月初，我要做一个历时6小时的手术，切除肿瘤和大部分食道，并重建消化系统。我会住院8天，然后在家休养4～6周。就像任何积极的治疗策略和复杂的手术一样，这一切都蕴含着风险和不确定性，但有一个详细计划并由一个每天都在做这件事的、世界上最好的团队指导，感觉还是很不错的。

第一周结束时，我从医生那里得到了一个明确的治疗计划，并得到了老板的全力支持，相信我的团队不仅会支持我，而且会让布鲁克斯保持我们来之不易的势头。接下来，我最好的朋友和生活伴侣玛丽将在我身边，陪我面对未来5个月的治疗。最后，我得到了儿子们以及其他亲友的爱和支持。在新的一年开始治疗时，我感到非常幸运，因为我得到了如此多的支持。

1月4日早上8点半，我开始了第一次化疗。在一个逐渐熟悉的程序中，我每周抽血一次，然后在一个房间里停留大约4小时，输注两种化疗药物。每个工作日的晚上，我都会在8点左右去做质子放射治疗。他们在我的胸部中央做了标记，然后用一束瞄准肿瘤物的定向辐射束照射我。这是一种曳步舞——每周1步化疗、4步放疗，连续7周。

在这次治疗中，我能够在有限的时间内继续工作。我争取到了当天的最后一个放疗预约，这样，我就可以每天工作约5小时，之后睡一觉，然后去医院接受治疗。接受化疗和放疗后，我开始感到严重的疲劳（我一直搞不清楚是哪一项治疗导致的）。我开始把自己的情况称为“化疗昏迷”。化疗的任务是杀死癌细胞，但这个过程使我很不舒服。我的体重下降了15磅[①]，但幸好失去的不是我的头发。

到2月中旬，我已经完成了放疗和化疗，接下来，就是在4月的第一周进行手术了。在这段休息时间里，我一直在工作，甚至还设法与儿孙们在加利福尼亚州的卡梅尔度过了一个漫长而美妙的周末。家人的支持是一份真正的礼物。3个儿子都为了我的手术来到卡梅尔小镇，在我

① 1磅约合0.45千克。——编者注

进医院的前一天晚上，我们吃了一顿丰盛的晚餐。我把这称为我与癌变的消化系统“最后的晚餐”，因为24小时后，癌变的消化系统就会消失，而我又会有一个新的消化系统。手术前要禁食，但那晚我很感激家人，我和妻子、3个儿子围着桌子，愉快地交谈着并享用着当地产的牛排。

6小时的手术非常成功，玛丽和孩子们出去吃晚饭，庆祝我的康复。我第一次以病人的身份在医院住了8天。团队的护理方法令人印象深刻，但手术带来的创伤也很严重。当时，我的体内有7根管子，医生的目标是周末之前拔掉它们，让我所有的系统恢复独立运作。医生和护士在白板上张贴了每天的日程，包括绕楼层走圈。这不是一条跑道，但我必须做到。通常，在玛丽的搀扶下，我会带着我的“树”——装有管子和药物的支架，用我的助步器推着它们行走。

我进医院的目的，是不想成为那个来自地狱的病人。我的父亲在几年前去世，我的兄弟姐妹们向我讲述了他是如何对年轻的心脏病医生发出愤怒的咆哮，只因这位医生建议他戒酒，以帮助他从心脏搭桥手术中恢复过来。我下定决心，不要成为护士和工作人员竭力避免的那种愤怒、痛苦且自私的病人。华盛顿大学医院的护理非常出色，在不眠之夜，护士们会称赞我的格雷戈里·艾伦·伊萨科夫（Gregory Alan Isakov）混合音乐，这是我儿子里德推荐给我的。

术后第三天，巴菲特给了我一个惊喜——一盒5磅重的喜诗糖果。我当时的第一反应是：这是真的吗？我还在插着饲食管——要过几个星期才能吃固体食物，他在想什么？但在打开卡片时，这一招又是巴菲特的经典之作："吉姆，我相信你在华盛顿大学医院得到了很好的照顾，所以把这些放在护士站以示感谢，让他们知道，如果你继续得到很好的照顾，我还会寄来更多！"不用说，巴菲特的慰问让我在这里的工作人员心中加了分。

在所有家人和朋友的美好祝愿中，我在布鲁克斯的团队送来了我至今还保留着的东西。那是一根冰球杆，上面有我在布鲁克斯团队的几十位成员的签名，还写着一些鼓励的话。它激励着我，让我勇敢地度过了在医院的那一周，并渴望着，一旦身体康复就重返赛场。

那一周的重头戏是一次主动的 X 射线扫描，以检查我的新消化系统情况。我趴在一个平台上，当我喝造影液时，它会让我从俯卧变成直立，他们可以看着造影液进入我的胃部。医生走出来时说："好消息，没有泄漏！"我终于可以回家休养了。不过，我还得插几个星期的饲食管，直到新消化系统能够处理固体食物，以摄入足够的热量。癌细胞已经从我的身体中消失了，我的想法开始转向要变得更加强壮和健康。

与此同时，世界继续在飞速发展。带着我的新饲食管，我飞到内布拉斯加州参加伯克希尔的年会。几天后，在离我家不远的一家酒店举行的布鲁克斯销售会议上，我发表了主题演讲。那是 5 月初，我们的北美销售团队在我做完手术、放疗和化疗后就没见过我了。我仍在恢复体力，消瘦的我看起来可能有些像以前自己的影子。6 个月前，我在参加 2017 年 11 月的布鲁克斯销售会议时，我在台上采访了盖布 · 格伦瓦尔德，我们一起谈论她的癌症，当时的我并没有意识到，自己其实已经患有癌症。那个5月的早晨，当丹·谢里登宣布会议开始时，酒店宴会厅里有数百人。

我后来才知道，谢里登当时很紧张，因为他想确认房间里的大象[①]，但又不想做得过头。他只是说：“我想介绍一位我认识的最坚强的人。”我被房间里突然爆发的声音吓了一跳，掌声和欢呼声越来越大。我很感谢他们欢迎我回来，但随着掌声和欢呼声长时间的持续，我对成为大家关注的焦点感到有点不适应。我看到了人们眼中的一些泪光，正能量满满，我许久都说不出一句话来。我真的被感动了，当气氛逐渐平息下来，我直接进入了主题演讲。会议的主题是“加速”，这正是我想要做的，也是我需要我们的团队去做的。我喜欢给演讲带来活力，我也确实做到了，但在过去的5个月里，我也感受到癌症对身体造成的挥之不去的影响。我很容易感到疲劳，在一天中的不同时间都需要休息。团队不仅让我重新振作起来，而且在德斯·林登夺得波士顿马拉松比赛的历史性胜利后，我们还邀请她飞来参加会议。我在布鲁克斯度过了多么美好的时光啊！

深爱却不能再拥有的跑步

我一直喜欢打冰球、举重健身和6英里长跑。尽管这通常是体力上

① “房间里的大象”，意指身形庞大的大象却被忽视。这句话是用来暗喻某件事情虽然像大象一样明显，却被集体视而不见。——译者注

的负担，但不知何故，我的身体知道疼痛和疲劳对我有好处，运动之后我会感到健康并充满活力。我知道内啡肽是什么，在病了 9 个月后，我想要它们回来。在盖布的激励下，我打算用跑步来保持健康，远离癌症。

我需要在手术创伤后重建我的核心力量，这是我生命中第一次没有健身基础。我必须从零开始。考虑到我面前的工作，我需要一个整体计划。

2018 年夏天，布鲁克斯团队成员汉娜·舒尔茨（Hannah Schultz）加入了我们。舒尔茨是我们鞋类团队的经理，和布鲁克斯的许多人一样，她也是一名跑者和运动员。她曾是一名 400 米短跑运动员，还参加了美国忍者战士项目的区域赛。在加入布鲁克斯之前，她获得了运动科学学位，并拥有丰富的教练经验。我们从健身房开始，在格林湖畔增加了跑道的晨练。手术创伤是一个我从未处理过的新因素。这个过程伴随着难以置信的艰难和痛苦。到了 8 月，我开始以 10 分钟的配速增加 1 英里的间歇跑。

但事实是，我的身体并不快乐。我似乎越努力，身体就越抗拒。任何剧烈运动后产生的恶心感对我来说都是全新的。这是 800 米跑步比赛后激烈反应的一部分，但我从未经历过。8 月，我的医生建议我暂停跑步，所以我将运动的重点放在了健身房。2019 年 1 月，我做了 CT 扫描，得到了一个好消息：我的身体里已经没有癌症的迹象了。不幸的是，我的医生发现了一个新问题。对我来说，这个问题比最初的癌症诊断更具破坏性。

CT 扫描清楚地显示，在手术后的 9 个月里，我的左肺升高了近 8 英寸，并向上移到了胸腔里。我的左膈肌在食道切除术中因膈神经受损而瘫痪。这是我手术的诸多远期风险之一。我很不幸。58 年来，这片有力的肌肉一直随着每一次呼吸而认真工作，现在却没有神经去驱动它了。

自从手术那天起，这片肌肉就停止了工作。在接下来的几个月里，它逐渐萎缩、变薄，被我的其他器官推向上方，压迫了我的左肺。检查证实，我的肺活量是同龄人平均水平的 56%。基本上讲，我只有一个肺在正常运行了，每过一个月，我的有氧能力都在下降。

在用了一年时间来观察神经是否能够再生后，我选择通过另一场大手术来收紧我的左隔膜，重新使肺部膨胀，从而获得更多的有氧能力。健身是我一生中真正的爱好，在有生之年，我想要自身的生命系统中拥有尽可能多的活力。这次手术比第一次更痛苦，也更具破坏性。他们切除了我的一根肋骨，并在横膈膜上做了多处折叠，然后在重新给肺部充气之前尽可能地将其缝合。在这 3 天的住院治疗中，我的疼痛程度在生命中第一次达到了 10 级。恢复的过程也很漫长，因为我的核心力量需要再次重建，而我的胸腔神经损伤更加严重，花了 6 个月的时间才有所好转。

很难描述我从这次经历中失去了什么，但它非常有意义。当我见到朋友时，经常被问道：“你好吗？”鉴于我的经历，答案很复杂。

首先，我仍然每天都在挑战我的“科学怪人”式消化系统。手术后，吃东西成为一种冒险，因为我的消化能力变弱了，所以少吃是关键。但我的大脑常常会说我饿了，而我的系统容量有限，吃过饭后很容易感到不适，所以如果我听从自身的饥饿感，就会为此付出代价。我已经通过试验测试了许多食物，并得到了营养专家的帮助。尽管如此，我还是经常在吃完饭后生病，这似乎是一个身体系统的问题。我不吃东西的时候感觉最好。我的消化系统需要重力，因此，我必须睡在一个呈 30 度的楔形枕头上，这样我才不会被呛醒。自 2017 年 9 月出现癌症症状以来，我几乎天天都能感觉到不舒服。

其次，手术创伤在我的肋骨和腹部留下了慢性不适。当我强迫自己跑步或锻炼时，身体仍然会提示我处于受伤状态，所以我还没有体验到任何接近内啡肽的东西。我很矛盾：是应该听从我的身体提示以减轻疼痛，还是忽略疼痛，试着重新连接我的大脑来克服它？这一点很难分辨，因为我曾知道，强迫自己的身体是让其变得强壮、健康的必经之路（当然，相对而言）！然而，疼痛让我降低了锻炼的强度，或者说，我因为消化问题而错过了几天畅快运动的日子。

最后，我原本就不是很好的有氧能力在这次癌症之旅后，更是被大大削弱。现在，我又回到了健身房，我很感激我还能远足、滑冰、滑雪、骑自行车和跑步。我的跑步计划是，先在跑步机上进行一分钟的间歇跑步，然后散散步、徒步走一会儿，再接着跑步，直到上气不接下气。所有的运动员都可以追踪他们现在和过去的表现。想到这一点，我感到非常惭愧，因为我无法在气喘吁吁的情况下维持稳定的跑步心率。

虽然我满怀希望，但我不确定自己是否能再次“跑”完5千米。我很难不去想那些我深爱却不能再拥有的东西，比如在一个阳光明媚的日子里，在一个美丽的地方，听着我喜爱的鲍勃·迪伦的禅跑混音，跑上6英里。

拥有的每一天都是礼物

我提醒自己，最重要的结果是癌细胞已经从我的身体里消失了。我在几个方面都很幸运，尤其是得到了家人和朋友的支持。好消息始于我的癌症可以手术治疗。我还生活在一个建立并支持华盛顿大学医学中心的社区中，在那里，医学博士卡洛斯·A.佩莱格里尼（Carlos A. Pellegrini）研究出了微创治疗食道运动障碍的最初技术，这对我帮助很大。

在我被诊断出癌症的第四年，我相信，癌细胞已经从我体内消失了。每天醒来，我不再去想它，也不再害怕它。我想，它已经全部被切除了，在我术后第5年时，我将赢得20%的概率。我非常感谢华盛顿大学和加州大学洛杉矶分校的技术、医生以及其他工作人员。我没有忘记，如果是60年前，这种食管癌是无法手术的，我可能活不下来。现在，每年我都会进行一次CT扫描，以检查癌症是否复发，但到目前为止，每次的检查结果都让我和医生开心地击掌庆祝。癌细胞没有出现！

我也心怀感激，因为我拥有很多，我可以向前看。现在，我很享受我的家庭、我的工作、我的朋友和我的孙子们（已经有 4 个了）带给我的纯粹快乐。我知道，自己所拥有的每一天都是一份礼物，我的任务就是沉浸在每一份礼物中。快乐、幸福和意义并不位于生命的终点线，而是来自你与家人、队友、朋友以及一路上遇到的人的同行旅程。即使我只能进行短时间的冲刺或间歇跑，我也想让它们成为“快乐奔跑”的时刻。

第二次手术的两周后，是我 60 岁的生日。在一次与家人和朋友的聚会上，我分享了一些关于生活的想法以及我所知道的真理。

我们都需要享受这段旅程。生活中的幸福并不来自结果。我和其他人一样关注结果，但我逐渐知道，生活就是每天和你周围的人一起沉浸在旅程中。目标和快乐来自人与人的连接，以及日复一日地为他们而存在。

最后，每天都要积极向上。积极的情绪会传递正能量，让每件事情变得更好。一个月至少吃一次奇多[①]……找时间开怀大笑，玩得开心。

生活是美好的。

① 一种膨化食品。——编者注

10

信任是企业需要填补的“空白”

RUNNING WITH PURPOSE

似乎总是事与愿违，
你不知道自己拥有什么，
直到一切消失

♫ 琼尼·米歇尔，《大黄出租车》*Big Yellow Tax*

现在走在前面的，
将来会落在最后，
因为这时代正在改变

♫ 鲍勃·迪伦，
《时代在变》*The Times They Are A-Changin'*

钟声为那些心有所向的人而鸣，
他们默默地走在寻找的路上

♫ 鲍勃·迪伦，《自由的钟声》*Chimes of Freedom*

10
信任是企业需要填补的“空白”

战略研讨时，我们常常拿一张白纸或站在白板前，勾勒出企业在拥挤的市场中争夺用户时，可能有回旋的地方。页面或白板上的“空白”是一个机会，一个缺口，一个未被满足甚至未被表达的客户需求。从产品到分销再到品牌，布鲁克斯就是这样制定战略的。在当今社会更广泛的范围内，我相信，信任是每个领导者和企业都需要填补的空白。

平均年龄为 25 岁的年轻人群体不再信任领导者或体制，这不足为奇。皮尤研究中心的数据显示，在 18 ～ 29 岁的人群中，近一半的人对外在世界的整体信任度都比较低。信任的空白空间无处不在。我们这代人在成长过程中，对真理认知的缺失带来了严重的后果。从越南战争、尼克松掩盖水门事件的不当做法，到伊拉克拥有大规模杀伤性武器的虚假声明，无原则的利己主义无处不在。我们在某些方面取得了进步，但在我们这代婴儿潮的关注下，许多事情偏离了方向，与我们的价值观和承诺背道而驰。

我们在商业中看到了作弊行为：富国银行的销售文化激励员工采取一些措施，让毫无戒心的用户系统地接受不受欢迎的金融服务；大众汽车秘密使用柴油排放“减效装置”，却声称自己高效环保；Facebook串通剑桥分析公司出售个人信息，用于投放定向政治广告；波音737 Max在安全问题上偷工减料；血液检测公司Theranos及其创始人伊丽莎白·霍姆斯（Elizabeth Holmes）向高危患者兜售完全虚构的故事。

我们在体育运动中也看到了作弊行为：休斯敦太空人队在赢得世界职业棒球大赛的过程中，通过视频窃取了投球暗号；新英格兰爱国者队给球放气并偷拍其他球队的训练；兰斯·阿姆斯特朗（Lance Armstrong）在赢得7次环法自行车赛冠军的同时，违规使用了兴奋剂。田径运动中也有一段肮脏的兴奋剂丑闻历史，包括奥运会100米短跑项目。多项研究表明，睾酮和其他提高成绩的药物可以使运动员的成绩提高4%到10%。例如，雷吉娜·雅各布斯在2003年世界室内锦标赛1 500米比赛中，以4分01秒67的成绩夺冠。4%的差距相当于9.3秒，如果加上这个数字计算结束时间，她将排在第8位（倒数第二名）。在赢得世界冠军的6个月后，雅各布斯被检测出BALCO的设计类固醇THG呈阳性，随之被禁赛4年。

我们在整个社会中都看到了作弊行为：有钱的父母贿赂大学官员，为他们的孩子提供进入优质高等学校的“旁门左道”；美国政府以牺牲良好的治理、民主的原则和公民的利益为代价来追求权力，最终导致了2021年1月6日美国国会大厦的暴动，以及密歇根州官员拆除弗林特供水系统，致使居民中毒。

随着时间的推移，信任的降低已经被许多人充分地报道和记录下来，爱德曼就在其年度爱德曼信任晴雨表[①]中进行了详细阐述。近几十年来，一系列令人不安的事件在累积效应下，不断地削弱人们对机构、组织和领导者的信任。在每个事件中，人们都有机会选择去做正确的事情。在当下做出正确的决定可能并非易事，但遗憾的是，有太多的人最终做出了错误的决定。要成为一个值得信赖的队友和领导者，我们需要仔细思考什么是正确的，讨论它，权衡它，然后去做。在我看来，没有非法获得的或不道德的优势，我们也有足够的机会去领导和竞争。我们生活在文明社会，在体育、司法、人权和经济活动等不同领域，有不同的规则、法律，以及与人交往的伦理和道德规范。遵守规则和负责任是赢得信任的关键。

布鲁克斯：保持信任，对核心利益相关者负责

从本质上讲，企业存在的意义是去解决所有相关用户的需求问题，而无须考虑政治、宗教、性别、国籍或种族等因素。企业的内在运行机制是“支持”确定的事情。当一家企业选择在社会上采取“反对”某一问题的立场时，一个主要的挑战是，随着时间的推移，企业如何采取行动以支持其声明和言论。

① 爱德曼是一家美国公共关系和市场咨询公司，成立于 1952 年。早在 2018 年，爱德曼就已经发展为全球最大的公共关系公司。自 2000 年起，爱德曼就开始每年发布一份全球信任晴雨表。该晴雨表通过调查问卷的形式，评估人们对全球各国政府、企业、非政府组织 NGO 以及媒体的信任度。——译者注

在我们这个拥有75亿多人口的紧密相关的世界中，需要关注的问题及其数量，对任何个人或企业来说都是压倒性的。我们大多数人（如果不是全部的话）对世界上存在的一些问题都怀有热情，但我相信，当企业专注于自己的声音并在其中倾注大量资源时，它会对核心利益相关者产生更大的影响。

从我担任首席执行官开始，布鲁克斯的目标、价值观和倡议就始终围绕着“欢迎并让每个人都参与跑步运动”这一点展开，并对我们对地球的影响负责。我们的员工和合作伙伴希望知道我们的品牌和业务在跑者心目中的地位。跑者应该了解他们购买和穿着的品牌的价值主张。然而，如果我们没有清楚地陈述、充分地实践并不断强化它们，我们的目标和价值观就毫无意义。信任就是这样随着时间的推移而逐步建立并加强的。

在布鲁克斯，我知道我们必须保持这种信任，并直接对我们的核心利益相关者——我们的用户、商业伙伴（从工厂到零售商）、员工、我们的所有者伯克希尔（及其股东），以及我们工作的社群负责。我们正在创建一个框架，说明何时以及如何参与到这些核心利益相关者关心的议题中。我们定期与这些核心利益相关者沟通我们的品牌目标（激励自己跑好脚下的路）、保护地球的举措（可持续性），以及支持人类发展的举措（多样性、公平和包容性）。当其他问题出现时，我们将评估布鲁克斯作为一个品牌的立场，并就此发表意见和采取行动。那么，真正的挑战将是为了实现真正的影响力而坚持到底。当然，这些光说是不够的。

面对公共卫生危机，激发积极的生活方式

布鲁克斯激励每个人在自己的道路上奔跑的宗旨，与积极生活以保持健康的目标是一致的。在我们努力应对新冠疫情的时候，这一点比以往任何时刻都更加明显。生活中的一切美好始于健康。在布鲁克斯，我们特别关注跑步的力量，既把它作为一项竞技运动，也把它作为一项对个人健康的投资。这场全球疫情凸显了人们加强体育锻炼、保持健康的生活方式的价值。良好的营养和健康的生活方式（是的，包括跑步）是免受疾病侵袭的关键。在过去的30年里，由肥胖和缺乏运动导致的流行病急剧增长。积极、健康的生活方式既能使人们增强对疾病的抵抗力，又能降低医疗保健费用。

当我写到这里的时候，我们仍处于新冠疫情带给我们的阵痛中，近两年来，其影响力是惊人的。虽然我们中的许多人都有机会获得世界上最好的医疗保健——在美国，我们花费了国内生产总值的18%来进行医疗保健，但我们的公共卫生系统被这种新型病毒打得措手不及，而且没有能力应对它。迈克尔·刘易斯（Michael Lewis）在他的书《预感：一场大流行病的故事》（*The Premonition：A Pandemic Story*）中记录了许多这类不足。这是一百多年来第一次暴发的全球性大流行病。事后看来，对此我们显然毫无准备。我们缺乏一致的领导来抵御这种具有高度传染性、潜在致命性和不断演变特点的病毒。就在2018年，美国白宫解散了全球卫生安全和生物防御局。我们每个人、每个集体都暴露在危险之中。

截至 2021 年 5 月，全球官方记录的死于感染了新冠病毒的人数超过 350 万。然而，据华盛顿大学独立的全球健康研究中心健康指标与评估研究所（IHME）的一项研究估计，实际死亡人数超过了 700 万。我们中的一些人把佩戴口罩等预防措施变成了政治声明，这是可悲的、不必要的冒险。这种病毒对健康造成的伤害是悲剧性的，再加上目前已造成的数万亿美元的经济损失，其破坏程度相当于第二次世界大战。让我们记住：损失高达数万亿美元！

如果更多的人保持活跃和健康，如果我们的公共卫生机构为下一个高度传染性病毒做好了更充分的准备，我们所有人都会过得更好。

面对气候变化，保护我们赖以生存的地球

众所周知，全球气候变化是影响经济和社会稳定的最大威胁之一，如果不是最大威胁的话。我认为，如何应对全球气候变化是每个企业都必须参与的议题，因为用户、员工、社群和越来越多的投资者都希望更多地了解到企业在其中的作为。包括国际货币基金组织、联合国和美国国防部在内的组织，也都在广泛的科学数据的推动下，将其列为优先事项。与某些人或某些企业无视它的存在不同，我们别无选择，只能用行动来推动问题解决。毕竟，每一个物种和 75 亿多人口的生计，都要依赖于地球上稳定的环境。

在布鲁克斯，我们很清楚，跑者对应对气候变化的必要性有着独特

的认知。因为今天已经有 1.5 亿人（人数还在增加）会在户外跑步，所以，照顾好我们共享的地球是至关重要的。在布鲁克斯，我们欢迎每个人跑步，也希望每个人都有地方跑步。我们支持跑步，同时在努力减少业务运营对环境的影响。我们致力于采取一种长期的、有科学依据的可持续发展方法，因此我们签署了《气候宣言》(*The Climate Pledge*)，到 2040 年实现净零排放。为了实现这一目标，我们承诺实施各种举措并力求创新，包括提高效率、使用可再生能源、减少使用材料以及其他一些消除碳排放的战略。我们还关注可持续消费，包括向可回收或可再生材料过渡，消除垃圾填埋，到 2030 年推出首款全循环的高性能跑鞋和服装。2021 年以来，布鲁克斯通过将可回收材料和高质量的碳抵消相结合，使其销量第一的产品幽灵系列率先实现了碳中和。

我们始终致力于打造可持续的供应链和进行公平的劳动实践。布鲁克斯的所有产品和材料，都将从符合我们的供应商行为准则和采购标准的制造工厂采购，旨在保护工人和环境。我们无法独自解决全球气候变化问题，但我们做出了到 2040 年实现净零排放的承诺，这促使我们的团队竭尽所能，为保护地球尽自己的一份力量。

倡导全民跑步，包容性势在必行

2020 年 5 月 25 日，乔治·弗洛伊德（George Floyd）被明尼阿波利斯一名警察无端杀害，人们将视线的焦点放在了美国种族主义上。这是一长串手无寸铁的黑人死于执法人员之手的事件中最新的一起。近期，在乔治亚州一个社区慢跑的黑人男子艾哈迈德·阿贝里（Ahmaud Arbery）被枪杀。这一信息震惊了布鲁克斯，也坚定了我们参与并采取行动的决心。自 1964 年《民权法案》和 1965 年《投票权法案》签署以来，虽然许多人看到了整个美国社会的进步，但在教育、司法、准入和机会等方面，这个国家还需要有更多的途径来解决一些系统性问题，更不用说仇恨和暴力了。

在布鲁克斯，我们认为，每个人都应该在平等的基础上跑步，践行这一观点，应先从企业内部开始。我们制定了可衡量的目标，以建立一个多元、公平和包容的工作场所，并取得了一些进展。同时，我们还致力于让我们的团队反映出我们的用户群体特点：在美国布鲁克斯的各级员工中，黑人、原住民和其他有色人种占 30%，女性占 50%。我们将继续保持我们在由人权运动基金会评估的“企业平等指数”中的 100 分的好成绩，并支持和庆祝由 LGBTQ① 和社区共同开展的跑步运动。我们通过产品开发、用户研究、大使或运动员项目和品牌营销活动，欢迎并吸引不同的跑者参与到品牌层面的活动中。我们积极提升同社区的伙伴关系，并邀请更多的人迈出第一步。和迪克体育用品公司一道，我们通过“给她赋能”② 系列来为用户提供特殊的鞋类和服装，为全国各地服务能力不足的女孩跑步项目提供帮助。我们很荣幸地成为跑步产业多元

① LGBTQ 是 Lesbian、Gay、Bisexual、Transgender 和 Queer（或 Questioning）的缩写，意思是非异性恋者。在现代用语中，“LGBT”这一缩略词十分重视性倾向与性别认同文化多样性，除狭义指同性恋、双性恋或跨性别族群外，也可以广泛代表所有非异性恋者。也有人在词语后面加上字母“Q”，代表对性别认同感到疑惑的人。——译者注

② “给她赋能”公益活动是一项以女性为中心的慈善工作。——译者注

化联盟（RIDC）的创始合作伙伴。该联盟将跑步品牌、跑步零售商和有色人种跑者聚集在一起，增加跑步运动和跑步行业的多样性。

我们相信，创造一个更具包容性的体育事业是我们的目标，但创造一个更加公正的社会、为所有人提供平等的机会，将需要社会各界进行更广泛的变革。良好的商业治理包括拥有一个反映用户基础和社区多样性的组织。在布鲁克斯，我们将美国人口视为跑步社区的重要成员。在一个民主国家，要实现良好的治理，由人民选举出的官员需要反映出公民的意愿及其多样性，否则信任就会消失。在我们的民主制度中，这种意愿是由人民的投票权和选举权所驱动的。现在在美国，一旦州法律公然甚至微妙地压制少数族裔公民的投票，人们对制度的信任就有崩塌的危险。民主的目标应该是让投票变得更容易、更方便，然而，美国几十个州的情况却恰恰相反。考虑到压制黑人社区的选民投票的历史，以及为美国的未来建立信任和问责制的必要，这种情况是站不住脚的。2020年，布鲁克斯将选举日定为带薪假期，以鼓励并使每位员工都能投票并自愿为他人创造投票机会。

通过解决收入不平等问题助力经济

布鲁克斯是一家品牌企业，致力于激励和欢迎所有人加入跑步行列并采取积极的生活方式，但我们也知道，用户的收入很重要。事实是，投资你的健康和身体，并开始跑步，需要你首先能满足生活的基本需求。如果你正在努力养活自己或照顾家人，并且同时做两份或两份以上的工作来维持生计，那么，花时间锻炼身体并不现实。对布鲁克斯来说，中产阶级越强大，就有越多的人将时间和金钱投资在健身上。

收入不平等也是影响人们参与运动和导致公共健康风险的一个驱动因素。2021 年 5 月，阿斯彭研究所的一份报告发现，在新冠疫情期间，富裕家庭的孩子比贫困家庭的孩子参加体育运动的情况更多。正如我之前所说，生活中的一切美好始于健康。体育活动对每个人而言都很重要，但不同的贫富阶层在健康、教育和经济方面存在着很明显的差距。事实证明，人们的收入不平等也与缺乏运动和肥胖高度相关，这是推高医疗成本的关键风险。尽管布鲁克斯不能在一个广泛的、系统的层面上解决收入不平等问题，但我们可以为那些受收入不平等影响的非均衡的社区提供跑步的机会。我们在布鲁克斯最引以为傲的项目之一，是布鲁克斯助威俱乐部，这是一个基于跑步需求的资助项目，为资源不足的高中越野队和田径队提供高性能跑鞋、服装和资金。自 2015 年以来，布鲁克斯助威俱乐部已经为全美 150 所学校和 6 100 名跑者提供了资助，并投入了超过 210 万美元的现金和装备来维持这些项目的运作。

美国一直宣称自己是一个自由民主的国家，但近几十年来，大部分的经济利益都流向了最顶层的 1%。现在，许多人都感到，美国的经济和制度没有为他们服务。从很多数据来看，他们是对的。

自 2020 年 3 月以来，美联储通过购买国债、银行和私人债务证券，向经济注入了超过 4 万亿美元的资金，导致许多企业在经济危机中获得了比正常情况下更多的资金。再加上联邦政府对个人和企业的 2.8 万亿美元的支持，近 7 万亿美元的支持和刺激计划的规模是难以想象的。在经历了近 10 年的经济增长、股市和房地产估值的上升以及 2018 年大幅减税之后，最富有的 1% 的人群和拥有超强的资产负债表及利润的企业，在面对危机时表现得很强劲。在经济刺激措施之后，现在世界上充斥着大量的资本。股市的反弹、从房地产到大宗商品的资产价值不断上涨就是明证。这一切的结果是，在新的 10 年里，那些富人的财富在加速增长，但对于那些没有财富的人而言，一切都将变得更加昂贵。

在过去的 40 年里，另一个收入不平等的驱动因素是行业整合，每个行业的竞争企业都越来越少。从结构上讲，我们需要解决反垄断法和执法问题。或者更确切地说，我们需要制定新的竞争法，来解决整个经济的整合问题。

我在这个话题上有一些经验，因为我在皮尔斯伯里时，在提交给监管机构的合并批准文书中曾做过相关的经济分析。在塔克商学院，我最喜欢的一门课是罗伯特·博克（Robert Bork）法官颇具影响力的著作《反垄断悖论》（*The Antitrust Paradox*）。这本书的一个持久影响是，反垄断政策应该坚持的主要标准是消费者利益。这一理念改变了政府和法院的政策，允许猖獗的整合会导致许多垄断、近乎垄断和卡特尔式的行业结构，也会导致整个地区的中小企业被大量吞并。在经济和生活中，单一地关注一件事，比如消费者的利益，可能会走得太远，并产生其他问题，包括摧毁整个行业、竞争和就业。现在，是时候回到更平衡的政策上来，将竞争对行业的影响纳入其中了。参议员艾米·克洛布查尔

（Amy Klobuchar）在她最近出版的《反垄断：从镀金时代到数字时代的垄断权力》（*Antitrust : Taking on Monopolyst Power from the Gilded Age to the Digital Age*）一书中发出了新的声音，为企业前进的道路做出指引。随着时间的推移，集中度较低的行业有一个明显的好处，那就是将有更多的企业在整个经济中参与竞争、进行创新，并创造出相应的就业机会。

最后，无数的其他政策为我们国家的经济增长做出了贡献，使收入最高的 1% 的人群不成比例地受益。这些因素包括全球化对就业的影响、工会的衰落、缺乏维持生活的最低工资收入、行业中缺乏令人信服的培训和学徒机会、缺乏获得教育的机会（以及由此产生的学生贷款负担）、缺乏负担得起的托儿服务、缺乏儿童早期学习以及公平分配的税收制度。几十年来，税收差距越来越大，这种情况不仅使政府无法为所有人提供医疗保健、住房、基础设施和教育，还加速了那些已经拥有很高收入的人的财富增长。如果美国社会理念的特殊性和资本主义的引擎不能惠及所有人，人们就会失去对它的信任。需要再次强调的是，我们的经济不是零和游戏，我们创造的财富，足以让每个人都过得更好。

这些问题将构成一个很长的清单。但在我看来，它类似于我的“砖墙”比喻，即推动关键业务的优先级，就可以实现更大的使命。我相信，一旦让人们重拾希望，重新获得机会，让他们和他们的孩子过上更好的生活，扩大中产阶级的占比，我们就能拥有更强大的经济实力，从而提供数量更多、待遇更好的工作机会。在布鲁克斯，我们很幸运，跑步品类是巨大的、全球性的和富有竞争力的，而不是由一个品牌或零售商拥有或整合。如果其他行业也能较少地被整合，那么就会有更多像布鲁克斯这样的挑战者品牌的故事，这将给用户更多的选择，并在更多的社区推动经济发展。

生活和商业并非零和游戏

我出生于 1960 年，继承了美国“最伟大的一代人”的价值观，这些价值观驱使我成为重要事业的一部分。我和队友们躬身向前，我们的马车行驶到一个比我们个人所取得的成绩更伟大的行业领导者地位上。我很小的时候就在冰球运动中知道，最高使命不是进球，而是团队合作。在电影《冰上奇迹》（*Miracle on Ice*）中，美国冰球教练赫伯·布鲁克斯（Herb Brooks）在谈到一名球员的冰球球衣时说得很好：“前面的名字比后面的名字重要得多。”作为一名领导者，我一直认为，赢得胜利就是目标，但不应以牺牲他人利益为代价。

虽然竞技体育通常是一场零和游戏，但生活和商业并非如此。如果规则得到尊重和平等地应用，有很多方法可以成功。作家兼投资者杰奎琳·诺沃格拉茨（Jacqueline Novogratz）认为，贫穷的对立面不是收入，而是尊严。想象一下这样一个世界：社会上的每个人都看到了希望，他们有尊严地活着，并相信游戏是公平的，所有人都拥有广泛的机会，信任的空白将被填满。这既是一个挑战，也是一个机遇，我致力于在布鲁克斯的业务、品牌和团队中演好我的角色，尽我所能。

11

在未来的10年里快速奔跑

RUNNING WITH PURPOSE

我们高举双手，我们永无极限，
我们势不可当，我们会就此止步吗？
就在今晚，我们要奋斗到最后一刻

♫ Macklemore and Ryan Lewis，
《势不可当》*Can't Hold Us*

看街道逐渐热闹，
在夏日阳光下的阴影里，
炉上甜美的苹果派，
鸟儿低飞掠过，
因为它们知道好事将至，
是的，好事将至

♫ 雅各布·迪伦，
《好事将至》*Something Good This Way Comes*

我认为自己在很多方面都很幸运，因为我拥有很多机会。布鲁克斯不仅在新冠疫情造成的经济混乱中幸存下来，而且变得更加强大。正如你们所知，我现在所做的，是我从七年级开始就梦想的工作：和那些每天都在努力工作、创造性地实现我们的目标的敬业者一起，经营一家成功的企业，一家拥有更高目标、致力于打造一个伟大而值得信赖的品牌的企业，一家提供改善人们生活的产品和体验的企业。我每天都在提醒自己，我从事的是商界最好的工作。

伯克希尔希望我们像经营自己的企业一样经营我们的业务，但对我来说，其中包含的不言而喻的期望是在高水平上参与市场竞争，将投资价值、投资回报率、现金流和潜力最大化。我们都知道，成功源自伟大的品牌。因此，我们痴迷于跑者，员工用他们的执行力努力赢得用户的认可和信赖。

作为一名领导者，我扮演战略、文化、品牌、风险和跑步公司执行官的角色。此处插入笑脸！我正在“追逐梦想”，对于布鲁克斯有机会在跑步这个令人惊叹的运动和健身领域建立起一个独特的全球品牌，我从未如此兴奋和乐观。

在布鲁克斯，我们带着目标奔跑。

专注于跑步是布鲁克斯最好的决定

我们在布鲁克斯做过的最好的决定，是专注于跑步这种运动和健身生活方式。现在，竞技田径、越野赛、公路赛、耐力赛和山径越野跑都已成为跑步运动的一种。如果你还没有参加过你所在地的 5 千米赛事，我强烈建议你尝试一次。对我来说，无论赛程多远，站在比赛的起点并坚持到终点总是能够激励我。人们在跑步时的能量普遍是积极的，因为他们需要冲向终点线，这实际上是在推动自己去竞争。如今，数以百万计的人会参加所在地的比赛，在他们的跑步计划中增加一项赛事，这是对自己健康的一种投资。无数人加入了一个志同道合的群体去跑步、散步或运动。许多人会带着他们的朋友或家人一起来，并经常为一个有意义的事情筹集资金。跑步将使他们的生活变得更好。

新冠疫情期间，我们不确定这种病毒会如何影响我们的用户——从零售商到跑者。我们认为，跑步作为一种方便、社交距离友好的活动，可能会在人们的生活中占据一席之地，对人们的身心健康提供多方面的好处。那段时间，从中学校园到奥运会赛场，竞技体育活动陆续被按下暂停键，单人健身跑者成了运动的主体。现在，随着体育活动和各项赛事的回归，我们相信，对于许多在疫情期间接触了跑步的人来说，跑步将对他们产生持久的吸引力。我们正处于一场新的跑步热潮中，全球有超过1.5亿人在跑步，市场规模达到330亿美元。在2020年春天那些黑暗的日子里，它确实让我想起了《圣诞怪杰》（*The Grinch Who Stole Christmas*）。故事的欢乐高潮是无名镇的所有居民在圣诞节的早晨漫步唱歌这一场景，尽管桌子上不再有装饰品、树木、礼物或宴席。这个故事告诉我们：无论格林奇[①]如何邪恶，圣诞节的精神都会持续下去。新冠疫情就像是格林奇，而我们所有跑者都是无名镇上的居民。即使疫情肆虐全球，也无法偷走人类跑步的精神。我们都知道，在面对致命的病毒时，跑步是人们保持健康的一种有意义的生活方式。跑步在人们的生活中具有不可思议的强大力量，它就在你的家门外等着你。

田径赛跑、马拉松或史诗般的耐力赛奇观，仍然是跑步这项运动的重心，它激励着数以百万计的人系好鞋带，去参加公路上的比赛。到户外呼吸新鲜空气，体验森林、丘陵、湖泊等地方的美丽，这一朴素的想法吸引了更多的人来到小径和山上，徒步、跑步或比赛。终于，数百万人开始了近距离接触跑步机！它一直是一种方便且安全的跑步方式，在疫情期间，它的使用又重新回潮。在这10年里，你将会有比以往更多的方式去跑步，并在你的人生道路上与他人保持身体上和数字上的连接。

---

① 《圣诞怪杰》中因讨厌圣诞节而试图毁掉无名镇居民的圣诞节活动的一个角色。——编者注

展望未来，我们相信，到 2030 年，参加跑步的总人数可能会翻倍，达到 3 亿多人。我们可以看到，全球经济的持续增长、技术助力下的生产率提高、每周更短的工作时间以及家庭收入的普遍增长，这些因素都推动了市场的发展。

个人健康意识的增强，也促使更多的人抽出时间投身运动。这种意识可以让更多的人承诺每周坚持运动。作为一项具有广泛基础和标志性的、平易近人的有氧运动，跑步将成为人们的首选活动（仅次于步行）。作为布鲁克斯人，我们将挑战自己，成为跑步民主化的主要推动者之一，促进地球上的任何社区、任何地方都能参与这项运动。

高度专注于跑者的“内容”企业

布鲁克斯的“快乐奔跑”口号一直是为了庆祝你的跑步，无论你是刚刚开启第一次跑步、取得了个人最好成绩、在一个美丽的地方进行了史诗般的狂欢跑，还是赢得了波士顿马拉松比赛，布鲁克斯都会庆祝你的成就和体验。近 20 年来，我们所追求的一直是激励每个人去跑自己的路。跑步的力量来自它对一个人的真实影响。如果你今天完成了跑步，你可能会成为一个更好、更有效率，甚至更快乐的人。如果你已经跑了一段时期，跑步就有机会让你的生活变得更好。如果数百万人以这种方式生活，世界将会变得更美好。在布鲁克斯，我们百分之百地专注于与所有跑步的人（甚至坦率地说，任何一个把一只脚放在另一只脚前面的人）接触。是的，在我们看来，走路也算！在我现在的人生阶段，我经常把走路称为超慢跑。

我们相信，没有哪个品牌能垄断跑步这项运动，因为它的范畴和规模实在过于庞大，且跑者分散在各地。跑步绝对不是一种虚拟或数字体验，而是一种独特的人类体验，且通常是一种社交体验。当建立起我们的战略、我们的文化和我们的团队来为跑者而战时，我们就已经在行业竞争中赢得了先机。我们挑战自我，为跑者创造最好的装备和体验。我们每天都在行业里进行激烈竞争，以赢得跑者的信任，成为他们的首选品牌。我们知道，在接下来的 10 年里，每一家运动与时尚鞋类和服装企业，都将生产以跑步为灵感的运动休闲产品，所有运动、户外和健身品牌都将生产装备，以吸引跑步发烧友和新跑者。用户将有更多的优秀品牌和产品可供选择。

像布鲁克斯这样的跑鞋品牌有责任创造更好、更具创新性的解决方案。我把这个商业难题比作“内容”与“分销”之间由来已久的争论，目前由奈飞引领的这场争论正在屏幕上日趋白热化。我们相信，拥有分销渠道并不是广泛的跑步市场的全部和最终目的，布鲁克斯将更像一家高度专注于跑者的“内容”企业。我相信，内容最终会胜出，尤其是对于小众玩家。这也意味着，在布鲁克斯，我们坚定地实施多渠道分销战略，从而让自己成为跑者购买优质装备的首选。如果你的目标是触达跑者，我们认为这是长期的制胜策略。许多品牌都会通过一个直接面向用户的封闭生态系统来创造一个巨大的利基业务。我们只是不相信这种策略会在跑者中占主导地位。

在这个新的10年里，布鲁克斯的发展势头正在飙升，品牌收入和增长都创下了历史纪录。在2020年实现27%的增长之后，这一发展势头更加强劲，这得益于新跑者的参与和市场份额的增长。

2021年5月，按12个月滚动年计算，布鲁克斯终于成为一个价值10亿美元的品牌。这是一项重大成就，因为在体育和健身行业中，价值10亿美元的品牌只有十几个。

布鲁克斯几乎在我们追踪的每一个市场指标上都引领着跑者的步伐。现在，我们以15%的市场份额成为跑者购买鞋类的第二大品牌，在美国市场上升了4.8%。布鲁克斯在包括专业跑步（26.1%的份额）、体育用品（如Dick 's sports goods）和在线平台（如Zappos）在内的主要零售渠道中，仍然是高性能跑鞋的领导者。

这种增长的真正价值在于，我们有能力继续投资我们的品牌和员工。布鲁克斯专注于以可接受的利润率提供高性能跑步产品，这意味着我们能够继续以与最大的竞争对手相当的规模进行投资。我们正在加速对产品、用户洞察、研发、系统、供应链、零售关系、数字营销和跑者参与方面的投资。现在，如果我们能与员工一起抓住时机，我们绝对有机会赢得跑者的信任，成为他们心中的不二选择。

在我们关注跑者的第20个年头，我们找到了自己的步伐，并能向团队成员和合作伙伴清晰地阐明我们是谁（见图11–1）。

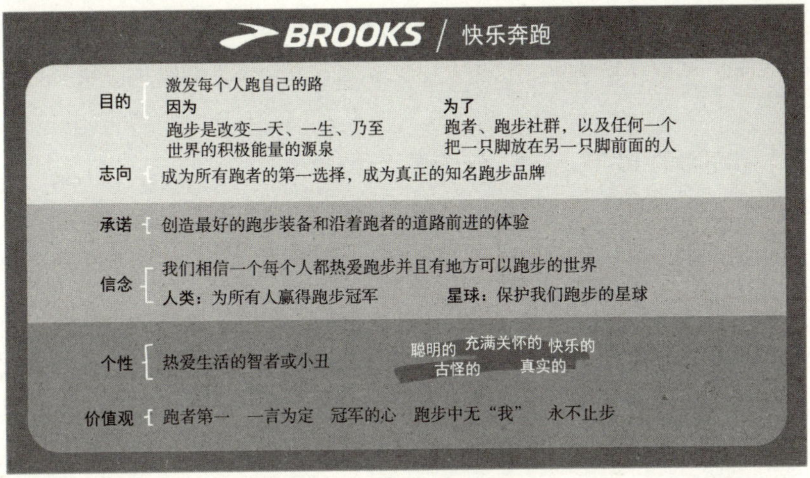

图 11-1　关于布鲁克斯是谁

创新是赢得跑者的关键

就像生活中的许多领域一样，我们布鲁克斯关注的本质其实很简单。根据跑者的需求制造一款完美的跑鞋可能不像科研那么困难，但也远非易事。市场上充斥着很多平庸的鞋子，而我们却在努力打造伟大的跑步装备，甚至可以说是世界上最好的跑步装备。然后，我们努力以一种真实和适宜的方式与跑者接触，让布鲁克斯成为他们选择的品牌。在实践中，这个门槛很高，而且会越来越高。我们这个行业存在着一个伟大的悖论：跑者清楚地知道他们喜欢什么装备，他们会对品牌变得非常忠诚，而且固执己见，尤其是对他们的鞋子或运动内衣。然而，他们渴望创新，并总是好奇，想知道是否有更好的东西等在那里。因此，在布鲁克斯，每一个赛季，我们都将持续为跑者提供合脚度和触感始终如一的产品，同时积极研发新技术，以提升跑者下一英里的跑步体验。

接下来的10年，布鲁克斯有什么计划？

那就是以科学技术和跑者需求为导向的创新。我们的跑步洞察实验室团队由才华横溢的研究人员组成。每天，他们都在通过与来自世界各地的数百名跑者互动，来收集和解读洞见和信号。有意无意地了解他们的需求是我们的使命。这些学习所得，现在已经融入我们的产品战略和简报中。当与生物力学研究、设计、工程材料和新工艺相结合时，它们有可能转化为创新。在未来的道路上，我们最热衷的一些领域包括：

1. 调节驾驭鞋：采用新型工程泡沫的鞋子，可以优化缓冲、回收能量和实现支撑效果。布鲁克斯最近推出了 DNA Loft v3 DNA Flash，其特点是注入氮气的化合物，使鞋子更轻盈、更有弹性，使跑者能够步步为营。
2. 增材制造：以设计为基础，通过 3D 打印制造鞋子。这能反映出跑者在生物力学和解剖学（合脚度）方面的需求和偏好。
3. 适应性材料：工程纤维、材料和设计，可以根据跑者的身体和足部运动情况来实现合脚性、控制力和舒适性。我们在不牺牲舒适性、透气性或轻质的情况下，将支撑架构融入运动内衣的面料，并与 3M 等企业合作，以提高品牌知名度。
4. 通过数字化增强跑步体验：通过数字化收集和整理跑者的数据（如跑步历史、受伤历史、跑步经验、欲望和目标、人口统计和生物特征等）来增强跑步体验，旨在创建实时改善跑步体验的服务（例如，更好的产品设计、更好的选鞋指导和跑步指导）。布鲁克斯的目标是根据数据提供个人建议，并进行一对一对话。当反馈是“布鲁克斯最了解我，我喜欢这个品牌”时，我们就知道自己成功了。

随着我们对地球和人类做出庄严承诺，我们也相信，对我们的用户来说，一家企业的运作方式将比以往任何时刻都重要。我们致力于在制造和运营方面进行创新。到2025年，我们将开始测试产品的循环性，用制造废料和穿过的布鲁克斯鞋制造新鞋。我们正在积极评估和实施低碳、低废物材料和工艺，目标是使我们的投入100%来自回收和可再生材料，而不再送任何东西到垃圾填埋场。我们正在制订计划，与我们的主要鞋厂伙伴合作，到2030年，我们的运营设施将实现100%的可再生能源使用。

我们也相信，要实现可持续发展目标，并以最快的速度将最好的鞋子送到跑者手中，这在很大程度上取决于生产线离市场的距离。到2030年，我们希望在全球所有的主要地区中都能生产鞋子。这将缩短我们的供应链，降低运输成本，减少我们的碳足迹。未来，包括新的精益流程、自动化系统、机器人技术和3D打印在内的创新都将应用于企业的业务中。

可以肯定的是，在接下来的10年里，跑者将比以往任何时刻都拥有更多的创新和选择，这是一件令人兴奋的事情，也是一个产业健康的标志。在这场以赢得新跑者为目标的比赛中，我们正全力加速！

信任和真正的领导力日益重要

无论是在团队、学校、企业、非营利组织中，还是在市政府、州政府、国家政府中，在任何层面上担任领导者都不是一件容易的事。我一直试图证明，现在比以往任何时刻都更需要信任和真正的领导力。借这本书，重申一下我的个人领导力原则，希望它们能给你带来一些启发。

蓝色火焰思想

RUNNING WITH PURPOSE

1. 拥有一个利基市场：进入一个细分市场，同时，通过不断增长业务并持续提供优质利润来追求卓越。

2. 打造“护城河”：创建一个独特的、可防御的品牌主张。从用户那里获得的信用（以全价）是衡量其实力的标准，也是企业可持续成功的必要条件。

3. 拥有盈利能力：应将盈利纳入自己的商业模式。如果成功，它可以创造一个投资飞轮来加强你的护城河。

4. 没有执行力的愿景是海市蜃楼：如果没有行动的支持，梦想和计划就毫无意义。

5. 真诚地领导：专注、好奇和信任是与人沟通的基础。要以尊重、正直和谦逊的态度对待别人。

6. 终极优势是强大的文化。

后记

奔跑，永无止境

2021 年，当我在温暖而漫长的西雅图夏日开始对这本书进行最后润色时，心头有很多值得期待的事情。人们的生活重回正轨，企业重整旗鼓，学生再次回到校园，足球赛事也在恢复。到处都有人在跑步，通常是和朋友一起。有些人是第一次跑步，另一些人则是第一次参加 5 千米或 10 千米赛事。

天使城精英田径俱乐部致力于增加黑人、原住民和其他有色人种在跑步界的代表性，在布鲁克斯的助力下，它在洛杉矶启动了。田径迷们兴奋地观看了东京奥运会上的速度竞技，尽管比赛因新冠疫情而推迟了一年。在布鲁克斯工作的我们，则在为乔希·科尔（Josh Kerr）获得 1 500 米长跑比赛的奥运铜牌而大声欢呼。在此之前，他在夏天早些时候创造了美国本土 1 500 米长跑比赛的最快纪录。作为布鲁克斯野兽田径俱乐部的一员，在丹尼・麦基（Danny Mackey）的执教下，乔希在俄勒冈州波特兰市刘易斯与克拉克学院（Lewis & Clark College）举行的 Stumptown Twilight 比赛上创造了他的个人最好成绩。同样来自布鲁克斯野兽田径俱乐部的尼娅・阿金斯（Nia Akins）获得了女子 800 米亚军。他们在跑步赛场上的耀眼光芒遍及世界各地。在法国，蒙特勒伊（de Montreuil）运动会又回归了。在纳什维尔（Nashville），音乐之城音乐嘉年华再次启动。澳大利亚人为他们在昆士兰举行的马拉松锦标赛而减少了训练。

无名镇的跑者一直在跑步。

将跑者联系在一起的是跑步对我们每个人的作用。它改善了你和你周围人的每一天。我相信在事业和生活中，前进是关键。你的节奏会因环境和生活事件而变化，但动力是一种强大的力量，可以帮助你穿越逆风。我试着每天找到一种运动的方式，最好让自己沉浸其中。跑步是我给自己的礼物。左脚、右脚、左脚、右脚……

2007 年 4 月的一个周六清晨，布鲁克斯的员工利兹・邓肯（Liz Duncan）出发了，她要参加一次集体跑步活动。她充满了正能量和乐观精神，正在为全程马拉松跑进 3 小时以内进行训练。当她在西雅图的街角等待其他选手到来时，一辆失控的汽车冲上人行道，撞上了她，利兹当场死亡。那一天，距离她的 27 岁生日只差 3 天。在接下来的星期一和之后相当长的一段时间里，每一个路过利兹办公桌旁的人，都不可能感觉不到她的缺席。她的工作网站展示了家人、朋友和她通过“运动员行动”计划指导的青少年的照片。而在所有这些笑脸中间，是她最喜欢的布鲁克斯保险杠贴纸。上面简单地写着：“人生短暂，跑无止境。”利兹用体育将人们聚集在一起，建立关系、塑造性格、激发希望。她给我们留下的这些事物提醒着我们，生命确实短暂，因此，我们最好拥抱并充分利用它。

热情和乐观是有吸引力的，快乐更是一种动力。

大多数人都会欣赏一个积极、快乐、能力出色的人。作为一名领导者、家庭成员、朋友和公民，这是我在大多数日子里以及我处于最佳状态时，努力为他人所做的事情。

现在，是时候带着目标奔跑了。选择一条道路，做出承诺，并每天努力做出改变。正如那句名言：“成功的秘诀是对目标的锲而不舍。”

未来，属于终身学习者

我们正在亲历前所未有的变革——互联网改变了信息传递的方式，指数级技术快速发展并颠覆商业世界，人工智能正在侵占越来越多的人类领地。

面对这些变化，我们需要问自己：未来需要什么样的人才？

答案是，成为终身学习者。终身学习意味着永不停歇地追求全面的知识结构、强大的逻辑思考能力和敏锐的感知力。这是一种能够在不断变化中随时重建、更新认知体系的能力。阅读，无疑是帮助我们提高这种能力的最佳途径。

在充满不确定性的时代，答案并不总是简单地出现在书本之中。“读万卷书”不仅要亲自阅读、广泛阅读，也需要我们深入探索好书的内部世界，让知识不再局限于书本之中。

湛庐阅读 App：与最聪明的人共同进化

我们现在推出全新的湛庐阅读 App，它将成为您在书本之外，践行终身学习的场所。

- 不用考虑“读什么”。这里汇集了湛庐所有纸质书、电子书、有声书和各种阅读服务。
- 可以学习“怎么读”。我们提供包括课程、精读班和讲书在内的全方位阅读解决方案。
- 谁来领读？您能最先了解到作者、译者、专家等大咖的前沿洞见，他们是高质量思想的源泉。
- 与谁共读？您将加入优秀的读者和终身学习者的行列，他们对阅读和学习具有持久的热情和源源不断的动力。

在湛庐阅读App首页，编辑为您精选了经典书目和优质音视频内容，每天早、中、晚更新，满足您不间断的阅读需求。

【特别专题】【主题书单】【人物特写】等原创专栏，提供专业、深度的解读和选书参考，回应社会议题，是您了解湛庐近千位重要作者思想的独家渠道。

在每本图书的详情页，您将通过深度导读栏目【专家视点】【深度访谈】和【书评】读懂、读透一本好书。

通过这个不设限的学习平台，您在任何时间、任何地点都能获得有价值的思想，并通过阅读实现终身学习。我们邀您共建一个与最聪明的人共同进化的社区，使其成为先进思想交汇的聚集地，这正是我们的使命和价值所在。

浙江省版权局图字：11-2024-215

图书在版编目（CIP）数据

这就是布鲁克斯 /（美）吉姆・韦伯著；张涛译．杭州：浙江科学技术出版社，2024.8. — ISBN 978-7-5739-1297-8（2024.11重印）

Ⅰ．F471.268

中国国家版本馆 CIP 数据核字第 2024SS4942 号

书　　名	**这就是布鲁克斯**
著　　者	[美] 吉姆・韦伯
译　　者	张　涛

出版发行	**浙江科学技术出版社** 地址：杭州市环城北路 177 号　邮政编码：310006 办公室电话：0571－85176593 销售部电话：0571－85062597 E-mail:zkpress@zkpress.com
印　　刷	天津中印联印务有限公司

开　　本	710mm×965mm　1/16	**印　　张**	18
字　　数	214 千字	**插　　页**	1
版　　次	2024 年 8 月第 1 版	**印　　次**	2024 年 11 月第 2 次印刷
书　　号	ISBN 978-7-5739-1297-8	**定　　价**	109.90 元

责任编辑	陈　岚	**责任美编**	金　晖
责任校对	张　宁	**责任印务**	吕　琰